教育：

就是让梦想启航

陈宗禹 著

北京日报出版社

图书在版编目（ＣＩＰ）数据

教育：就是让梦想启航 / 陈宗禹著. -- 北京：北
京日报出版社，2017.5
ISBN 978-7-5477-2517-7

Ⅰ．①教… Ⅱ．①陈… Ⅲ．①教育－文集 Ⅳ．①G4-53

中国版本图书馆 CIP 数据核字(2017)第 086472 号

教育：就是让梦想启航

出版发行：北京日报出版社

地　　址：北京市东城区东单三条 8-16 号　东方广场东配楼四层

邮　　编：100005

电　　话：发行部：（010）65255876
　　　　　　总编室：（010）65252135

印　　刷：山东旺源印刷包装有限公司

经　　销：各地新华书店

版　　次：2017 年 05 月第 1 版
　　　　　　2020 年 01 月第 2 次印刷

开　　本：787 毫米×1092 毫米　　1/16

印　　张：10

字　　数：105 千字

定　　价：29.80 元

序　言

　　"用教育改变未来"，一直是我教育管理的职业理想。我渴望服务学校的发展，让教育日趋均衡；我渴望服务干部的发展，让教育更有力量；我渴望服务教师的发展，让教育更加有爱；我渴望服务学生的发展，让我们的未来更加美好。和而美的校园，和而爱的教师，和而真的学生，始终是我心中向往的最美的风景。

　　心怀对教育的热爱和人生梦想的追求，我从事小学教育工作至今近 40 年。几十年来，我始终坚守最朴实的教育初心，沉静务实，脚踏实地，与时俱进，忠实履行着一个教育工作者的责任与担当，思索着教育的未来和孩子们的明天，对自己热爱的教育事业的认识逐渐清晰，教育就是服务发展，服务成长。

　　如何让发展更有力？成长更有效？教育有所作为，那一定需要好的教育。卢梭《爱弥儿》中的一句话这样说："什么是最好的教育？最好的教育就是无所作为的教育：学生看不到教育的发生，却实实在在地影响着他们的心灵，帮助他们发挥了潜能，这才是天底下最好的教育。"好的教育就是开启智慧，开发潜能，开启未来。1997 年我走上校长岗位，在多年思考积累的基础上提出了"启迪人生梦想，培育创新智慧"的办学理念，开始了启梦教育的摸索与实践，逐步走出了一条以素质教育为龙头，以科技、艺术教育为两翼，以体育教育为基础的"启梦教育"之路。

　　教育就是启梦，启梦教育就是启航孩子心中的梦想。启，就是开启智慧，发展优势，点燃梦想；就是启慧明德，以德养慧，以慧厚德，德慧相济。启，有教育之意，子曰：不愤不启，不悱不发。启，更有开始之意，阐明小学教育奠基作用之本，小学教育是为梦想奠基，是学生梦想开始的地方。启梦教育的模型是由"启德明志、文化立梦、管理促梦、课程筑梦"组成的四面体，这四个面相互交融、相互衔接、彼此互动、协调发展，共同服务师生发展、学生成长。基本形成了立德、文化、管理、课程四位一体的育人体系，成就了一批有追求的教师，培养了一批有梦想的学生，学校得到了发展，师生得

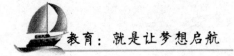

到了发展。

启梦教育是包括我在内的全体教师育人智慧的结晶，是学校多年育人实践的概括与提升，是大兴三小的全体教育同仁对教育的理解与表达。

这本书记录的是我们对启梦教育的思考和实践，展现的是大兴三小师生的教育智慧与育人情怀，表达的是启梦教育的殷殷期待。期待学生成长，期待花朵绽放，期待雄鹰振翅，期待胡杨参天，期待梦想起航。

启梦，犹如驶向未来的船帆，启梦未来，是我们再次起航的初心和使命。

为了启梦学生的未来，让我们一路同行。

陈宗禹

2017 年 3 月 16 日

目 录

启梦教育

启梦文化

启梦德育

启梦管理

启梦课程

启梦侧记

启梦教育

　　教育是天底下最美的事业。从教育的使命来思考，我认为教育是历史与未来的衔接。传承文化，立足当下，启梦未来，就是继承和传播优秀的传统文化，从中汲取能量，掌握有力于发展的关键技能和有利于发展的核心素养，奠基人生梦想，启航美好未来。

　　心怀对教育的热爱和人生梦想的追求，我从事教育工作至今36年，我始终坚守最朴实的教育初心，沉静务实，脚踏实地，与时俱进，真抓实干，管理理念日渐成熟，学校管理体系日趋完善，清晰了"启迪人生梦想，培育创新智慧"的办学理念。逐步走出了一条以素质教育为龙头，以科技、艺术教育为两翼，以体育教育为基础的"启梦教育"之路。

　　　　　　　　　　　　　　　　　　　　　　陈宗禹

发展是启梦教育之魂

教育是天底下最美的事业。有人说，教育是用爱编织的花环；有人说，教育是享受欣赏的心态；有人说，教育是成其所是，助花蕾绽放，助胡杨参天，助雏鹰振翅；有人说，教育是培养习惯形成性格；也有人说教育就是解放心灵、创造可能等等。这些对教育隐喻和追求，从教育的过程、价值等不同层面，诠释着教育的多彩、教育的美丽、教育的梦想。

我非常赞赏和认同这些对教育的深刻理解。从教育的使命来思考，我认为教育是历史与未来的衔接。传承文化、立足当下、启梦未来，就是继承和传播优秀的传统文化，从中汲取能量，掌握有力于发展的关键技能和有利于发展的核心素养，奠基人生梦想，启航美好未来。

"教育就是服务发展"，服务是过程，发展是目标，核心是学生。

为什么说教育就是服务？从本质上讲，教育是让学生的合理需求得到不断满足的过程，让学生的不合理需求得到不断引导和矫正的过程，让学生的梦想、未来、前程的需求不断得到丰富和提升的过程。从广义上讲，教育服务于人的发展，教育服务于社会的进步，教育服务于人类文明的传承。由此可见，教育的服务对象是学生、家长和社会。"教育就是服务"的理念要求我们的教育在制度、目标、措施与方法层面做到"一切为了学生，为了一切学生，为了学生的一切"，做到"为了全体学生的全面发展"，特别是能够公正地对待每一个人，向学生提供适合的教育，使具有不同天赋、潜能，不同气质、性格和不同文化背景的学生都能得到最充分的发展，最充分地体现人的价值。

教育的服务质量与学生的发展是正比例关系。服务水平的高低决定了质量的优劣，质量的高低决定了学校办学的水平，决定了一所学校对学生、对家长、对社会是否有吸引力，这是一所学校的发展之本，所以学校要以教育教学质量为抓手，真正实现"视学生如亲子、视质量为生命"的服务宗旨，在社会上树立良好的品牌形象，赢得"民心"，办人民满意的学校。

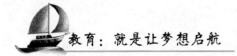

真正良好的教育一定是最具服务精神的教育。教育的服务，是一种综合服务，不是单一的、孤立的。它体现和渗透在学校文化建设、队伍建设、社团建设、课程建设等方方面面，要将"教育就是服务"的观念落实到日常教育的每一个细节环节之中，尽可能地为学生的发展提供机会，让学生更多地体验到被人关注、被人爱护的温暖与幸福，更多地体验到自由探索与成功的快乐和自豪，更多地感受到人性的光明与和煦，感受到仁慈、宽容与敬业的力量。

学生是教育服务的核心。学校以人为本的服务思想不仅仅要渗透到学科教学过程中，更多的要以学生的身心健康发展为核心，培养德智体美劳全面发展的人才。新课标中明确规定："学生是学习和发展的主体。"这表明：学生既是我们教育的对象，更是我们服务的对象。当学生的需求正当合理时，教育表现为教师对学生全身心的"迁就"，为学生的发展"锦上添花"。当学生的需求不合理时，教育就表现为教师对学生的"循循善诱"，为学生的发展"指点迷津"。当学生的需求虽合理但层次较低时，教育就表现为教师对学生的鼓励和激励，为学生的发展"雪中送炭"。我们要服务于学生的学习，要在具体的教育教学过程中，关注个性，因材施教，充分挖掘学生的潜能，让每一个学生都能感受到成功，让每一个学生的梦想都能得到绽放。

教育服务的目标是发展。学校是服务的一个集合体，要有全面发展的举措和发展全面的统筹，为教师的工作、学习和生活提供服务，并最终落实到为学生的发展上面。教师也要放下"唯我独尊"的架子，做学生学习的组织者、成长的引导者，为学生的发展服务。还要服务于学生的发展，关注学生的现实发展，关注学生的持续发展，关注学生的未来发展，从而实现学生、教师、学校、社会发展的最大可能。

发展是启梦教育的灵魂。心怀对教育的热爱和人生梦想的追求，我从事教育工作至今 36 年，其中担任管理工作 30 年。自 1997 年走上校长岗位以来，我始终坚守最朴实的教育初心，沉静务实，脚踏实地，与时俱进，真抓实干。在六个任期内，自己不断成长，学校稳步发展，自己的学校管理理念日渐成熟，学校管理体系日趋完善，清晰了"启迪人生梦想，培育创新智慧"的办

学理念。逐步走出了一条以素质教育为龙头，以科技、艺术教育为两翼，以体育教育为基础的"启梦教育"之路---一条服务学生发展、服务教师成长、服务学校发展的实践思路。

启梦德育是学生发展之根

立德树人，是教育的根本任务。德是学生全面发展的根本。启梦教育理念下的德育是"大德育"，是"无缝德育"，即"四全"德育：全员，全过程，全时空，全方位。以社会主义核心价值观为引领，将以德育人渗透到学校文化建设、学校管理、课程建设等各个方面，形成无死角、无空白的启梦德育体系。

教育的根本要义在于育人，培养品德高尚、人格健全、素质优良的一代新人是教育工作者的神圣职责。尽管我们过去做了大量的工作并取得了一定的成效，但是我们应该让所有的人，特别是班主任教师等一线德育工作者从更高层次清醒地认识到：我国正处于发展的关键时期，社会情况发生了复杂而深刻的变化，影响青少年学生的价值取向，国际国内意识形态领域的矛盾和斗争更加复杂，尤其网络不良信息对未成年人进行不正确的文化渗透，个人主义、拜金主义、享乐主义等消极腐朽思想给青少年学生带来极大影响。面对日益复杂的形势，学校和每一位教育工作者应该从提高民族素质，事关国家安危的高度认识学校德育工作的重要性，不断增强政治意识、大局意识、责任意识，更加自觉地把学校德育工作放到"以德治国"深化教育改革，全面推进素质教育的突出位置。

当前，应把培育和践行社会主义核心价值观，学习贯彻中共中央办公厅、国务院办公厅《关于适应新形势进一步加强和改进中小学德育工作的意见》当作中心工作来抓，使德育为首、育人为本在全体教育工作者的思想上定位。学校要结合《中小学德育工作规程》《中小学德育纲要》等德育规章，解放思想，从学生成长的实际出发制定实施计划，从规范常规和制度建立切入，

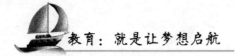

保证德育工作落到实处。同时，确立正确的教育理念遵循教育规律，采取切实措施，坚决扭转重智育轻德育，"一手硬，一手软"的不良影响，让启梦教育有根，启梦德育有效。

一是夯实德育队伍建设，人人都是德育工作者。在德育队伍专业化的同时，加强班主任队伍建设，完善班主任评价与奖惩机制，规范班主任工作各项行为，提升班主任素质和德育能力。加强师德建设，提高教师修养，拓展教师发展渠道，提高教师育人水平。加强学习制度建设，营造良好学习氛围，引领学校管理干部、少先队干部、后勤人员提高自我素质，提升全员德育能力。

二是丰富学校德育内涵，事事都是德育素材。在德育工作多元化的同时，主动与家庭合作，开展家校共育，通过家访、学校开放日、家庭教育讲座、家长讲堂、订阅家庭教育资料等举措，提高家长育子水平，家校合力，联手服务学生成长，共同启迪学生梦想。积极与社会资源单位合作，用走出去、请进来等形式，丰富学生的德育实践，让学生在丰富多彩的体验中，感受成长的快乐。

三是拓宽德育载体，处处都是德育渠道。在德育工作常态化的同时，努力开发德育资源，拓展德育途径。一方面充分利用班级文化墙、楼层科普园地、校园多媒体等德育载体，做实启梦德育；另一方面，立足课堂，以学科联动、学科整合、实践课程等形式，在学科中渗透德育，在课程中挖掘德育；第三，搭建形式多样、贴近学生的展示平台和体验平台，发现榜样学生、寻找成长伙伴，让学生身边的人、身边的事都成为启迪学生成长的德育元素。

四是创新德育思路，时时都是德育契机。在德育工作生活化的同时，努力做到启梦德育在时空上的全覆盖。其一，将德育工作从校内延伸到校外，围绕"在学校是个好学生，在家庭是个好孩子，在社会是个好公民"的思路，设计学生在校外的德育活动。其二，以"课间抓学生常规，课堂重德育渗透"为思路，实现学生在校德育无真空。其三，以"传承文明我先行，体验成长我快乐"为思路，有计划、有思考、有主题地设计学生假日、节日、假期的德育实践，让学生的每一天都有成长的契机和体验。

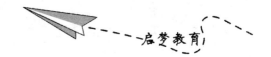

启梦文化是师生发展之源

文化，就是"以文化人"。最是书香能致远，最是文化能育人。启梦教育理念下的启梦文化是一种"大文化"，是学生、教师全面可持续发展的动力源泉。它强调以德为首，以文载道，以启为教，以文化人，是有利于学生成长，有助于教师发展，有益于学校发展的环境文化，教师文化，社团文化，管理文化，课程文化，班级文化的总合。这些文化共同组成启梦文化的内涵，它们协同共进，形成了弘扬传统、启梦未来、聚焦发展的启梦文化体系。

文化助飞梦想，文化改变未来。学校在启梦文化建设过程中，以文化为驱动，以焦点为引领，以点带线，以线促面，使启梦文化体系日益完善，育人效果日益显著。

第一，聚焦学生核心素养，着力建设社团文化。

我校是北京市素质教育示范校，社团是滋养学生成长梦想的重要平台。我们紧密结合学生发展需求，强调生长管理，把培养学生的核心素养放在建设社团文化工作的首位，逐步走出了一条以课程建设为中心，以素质教育理念为引领，以科技、艺术教育为两翼，以体育教育为基础的启梦社团文化建设的育人思路。

作为社团文化载体的科技节、艺术节、体育节、读书节，节节精彩，学生喜爱；作为社团主要活动的科技团、艺术团、文学团、体育团等，团团优秀，成绩喜人。社团文化建设使我校跻身北京市科技教育示范校、北京市艺术教育示范校、大兴区体育教育传统校的行列，拥有了"北京市学生金帆艺术团"和"北京市学生金鹏科技社团"，成为大兴区唯一、北京市为数不多的"双金"学校。

第二，聚焦教师幸福成长，着力建设教师文化。

教师是推进和落实启梦教育的主力军。促进教师的专业发展，提升教师的职业幸福感，着力建设"心中有梦，德为范；心中有爱，学为师"的启梦教师文化是服务学生成长、服务教师自身发展、服务学校发展的重要保障。

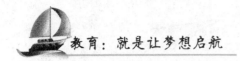
在实践过程中，我们将教师文化与教师发展融为一体，同时推进，互为促进。

一是多项举措，促专业成长。共有五项举措：其一，"三化三手"促教师专业提升；其二，实施"四子"工程（开方子、搭台子、引路子、压担子）促教师专业发展；其三，搭建交流互学平台，开阔教师专业视野；其四，激励实践课题研究，用科研促专业提升；其五，"两全两高"育英才行动。

二是立足课堂，促专业发展。其一，走进名师课堂，提高教师专业素养（观摩名师、理论学习、业务培训、送课到手拉手学校等）；其二，发挥名师引领作用，"同伴"共同进步（师带徒、名师工作室、名师讲学团等）；其三以赛促研，打造高效课堂（区级三杯赛、基本功、说教材、校级教学比武等）。

三是人文关怀，促职业幸福。让教师"人生有梦想，职业有幸福"是启梦教师文化的核心。其一是重人：注重对教师思想观念进行引领，注重教师能动作用的发挥，注重团队精神和情感的建立，根据教师特点，人尽其才，工作中团队作用突显；其二是重情：学校通过教师庆生活动、最美三小教师评选等活动，体现人性化管理，使教师感受到人文关怀，实现从制度约束到文化引领的转变。

第三，聚焦学校内涵发展，着力建设环境文化。

"孟母三迁""南橘北枳"说的是环境的影响作用。学校环境对学生成长的影响和熏陶更是不言而喻。让"每一面墙会说话，每一棵草能育人"是学校环境建设的高境界，也是启梦教育文化的追求。学校环境文化是学校内涵的外显，"环境文化育精彩，润物无声显功效"是启梦教育对学校环境文化建设的总要求。

一是校园环境突出启梦氛围的营造。学校整体文化设计以营造良好育人氛围为宗旨，体现"积极向上、活泼现代"的主色调。校园内由"启梦生态园"、"寻梦回廊"、"梦源"景观造型、"筑梦文化墙"几部分组成，校园环境的布局紧紧围绕我校"启蒙"教育理念，为学生成长搭建梦想空间。

二是楼内文化展示追梦的多元。楼内分楼层以"童趣"、"榜样"、"理想"为主题建立了"追梦"名人录、文明礼仪长廊、科技艺术长廊，让每一

面墙壁都发挥着育人功能。以"品梦书苑"——阅览室为主阵地，在各楼层门厅内，设置了"梦想书吧"——阅读区，让孩子们在多彩的环境氛围中"识梦"、"悟梦"、"追梦"。

三是班级文化。学校引领师生为班级发展献言献策，在每个教室的墙外，每学年师生都共同设计独具特色的班级橱窗。以学生为主体，建立班规、班训，设计班徽、班歌，一班一品一特色，每人有梦想，各班有追求，体现班级文化的育人功能。

启梦管理是师生发展之基

管理是一种服务。学校管理的价值在于为学生发展、教师成长、学校发展提供最适合最优秀的服务。管理是一种力量。学校管理是学校管理者通过一定的机构和制度采用不定期的手段和措施，带领和引导师生员工，充分利用校内外的资源和条件，整体优化学校教育工作，有效实现学校工作目标、教育追求。管理是一种价值观。学校管理是学校对人对事的基本态度，启梦教育理念下的管理是用尊重人、理解人、关心人、服务人的管理方法促进师生的自我约束自我管理，最大限度地发挥人的主观能动性。既突出对事的刚性，又强调对人的柔性；既注重常态管理的基础作用，又重视团队管理的引领作用。管理是一种重要的生产力。学校管理团队是全面落实启梦教育的中间力量，是深化启梦教育理念和指导启梦育人实践的纽带。启梦教育理念下的管理是中层干部成长和发展的平台，要求中层干部必须树立服务意识、人本意识、全局意识、补位意识。启梦管理是以人为本的"人本"管理，概括地说就是"法·规·人·情"的管理。

"法"，就是依法管理。一是学校要求所有参与管理的干部必须懂法，既要懂大法，坚持依法办学，依法治校；也要懂中法，坚持科学管理，民主管理；还要懂小法，和谐师生关系，家校关系，依法有效预防校园负面事件的发生。我们结合学校实际，提出了目标管理的发展思路，明确阶段目标，

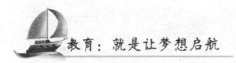
制定实施步骤，分解推进途径，实现点面突破，确立了"办开放性教育，做专家型校长，当研究型教师，育有能力学生"的发展愿景。

"规"，就是完善规章。一是健全学习制度，提升干部管理水平和能力，强调各级干部要按教育规律科学管理。二是加强规范意识，完善各个部门的职责，清晰工作标准，完善教师、中层干部行为规范，结合岗位要求建立健全发展机制，以管理促发展。三是建立健全各项管理制度，建立、完善、细化工作程序标准并汇编成册。以财务管理规范化为例，我们召集财务、教学等多部门共同研究，制定了学校内控管理制度汇编手册，使得学校日常财务支出有据可依。每年组织召开教代会为学校发展建言献策，并及时采纳。

"人"，就是以人为本。人是管理的核心，发展是管理的关键。启梦管理认为管理是服务，核心是服务人的发展，以发展促发展，通过教师的发展、干部的发展服务学生的长远发展。一方面，我们针对教师发展，实施能动管理，启动"四子工程"完善"三化三手"等一系列举措，完善教师成长体系，促进教师专业发展。另一方面，我们加强管理队伍建设，注重业务培训，提升管理水平。针对中层干部发展，强调中层干部全局意识下的责任管理，明确岗位职责，完善协作机制。通过建立内部师带徒制度、"干训结合"、"影子培训"等举措，提升了管理团队业务水平，丰富了学校的管理文化。

"情"，就是有情感的、人性化的温暖管理。在启梦管理实践过程中，我们"重人""用情"，强调管理活动原则性和灵活性的统一，尊重制度的刚性，兼顾执行的柔性，最大限度地发挥教师干部管理中的能动性，提高教师干部工作的主动性，让管理有温度，用启梦管理文化实现广大教师干部自觉主动的自我管理。

启梦课程是师生发展之体

课程是助力学生成长、服务学生发展的重要渠道，是培养学生社会主义核心价值观和核心素养的关键载体。有追求的教师和有质量的课堂是启梦课

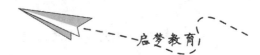
程的两个关键因素。启梦教育理念下的课程建设思路是"夯实基础，立足课堂，科研引领，教学相长，创新实践，突出特色"。经过多年实践，基本完善了"以德为首"的有中心、有助力、有基础的"三级二翼一基础"的启梦课程体系，育人效果卓有成效。

落实三级课程目标，构建课程管理体系。"三级"课程是启梦课程的中心和主体，学校以"国家课程校本化，校本课程特色化"为宗旨，本着国家课程"扎实性实施"、地方课程"整合性实施"、校本课程"多元性实施"的原则，推进三级课程有效开展。我们以校本课程开发为主动力，把校本课程开发与学校的长远发展结合起来，立足学生、重视实践、突显特色，培养学生核心素养，增强学校教育教学工作的实效性。校本课程的实施与学校社团活动、课外活动一小时有机结合，共开设了学科拓展类、特色拓展类、实践拓展类等三大类25门课程，并将各项课程编入课表。学生根据自己的兴趣爱好自主选择，积极参与活动，拓宽学生视野，丰富学生的学习生活，促进学生个性发展。

在充分分析学校特色发展、学生个性发展的基础上，根据校本课程发展的需求，针对学生年龄特点、兴趣爱好，学校聘请专家指导编写了《"悦"读天地》《放歌和谐》《管乐》《琴腔琴韵》《机器人》《我们爱科学》《保护环境》《版画》等校本教材，进一步促进校本课程健康科学地发展。

打造专业化教师团队，保障启梦课程育人实效。学校依托校本教研活动，提升教育教学质量，确立了"学生成长、教师提高、学校发展"三位一体的研究目标，将过去只有少数人参加的"精英工程"课题研究，转变成了教师群体参与的"共同创造"，营造出了"人人重视课题研究，个个参与校本教研"的良好氛围。

依据学校办学总体目标与教师自身发展的需要,立足学校实际，在校本教研中，充分发挥学校的资源优势，通过多途径、多形式、多类型的培训,更新教师教育观念,拓展教师知识结构,提升教师的整体素质，使研训互荣、双促。

一是加强青年教师培训力度。青年教师专业成长是我校的一个研究专题。我校创新工作方式，将校本培训与我校青年教工团工作紧密结合，有目标、

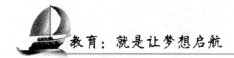

有层次、有措施地加强师资培训，使青年教师在教育、教学、课题研究方面水平有明显的提高。在培训过程中强化骨干教师的示范引领作用，与青年教师师徒结对，制定了详细的师带徒活动计划，规定师傅要做到三带：一带师魂、二带师能、三带师德；徒弟要做到三学：学思想、学本领、学做人，使青年教师尽快成为学校教学第一线的骨干。

二是加强群体教师业务培训力度。我校采取多种形式进行教师业务培训，做到自学与集体学习相结合、学习与观看录像相结合、学习与交流心得相结合、自学与讲座指导相结合。

三是加强教师校本培训力度。聚焦教学、聚焦课堂、聚焦学生，发挥我校信息化资源优势，深入开展教材教法、教学方式、技术促进教学变革等方面的实践探索，着力转变教与学的方式，提高常态教学的质量。每学期聘请专家教研员来我校讲座、指导教学。鼓励教师积极参加国家、市、区级开展的各项培训工作，以学习名师及身边典型教师的教学思想、教学经验、教学风范为重点，使教师在不断反思中，提高自己的业务能力。学习回来后，将自己的学习体会与大家分享，达到一人学习，大家受益。

为了将校本教研工作落到实处，我校立足校本，依托组本，发展师本，在三个层面活动中创新形式，增强实效，突显了我校校本教研的特色，即：校本教研主题化，组本教研常态化，师本教研自主化。

一是校本教研主题化。以专家引领为主魂，统领校本教研；以课题研究为主线，提升校本教研；以骨干示范为主导，引领校本教研；以课例研究为主体，夯实校本教研。

二是组本教研常态化。集体备课是我校教研组活动的重要内容之一，采取"从个体—到集体—再回到个体"的方式，对不同教师有不同要求，体现教师的发展水平和个性风格。过程中既有教师的个体备课，又有教师的集体备课，为教师同伴间的展示、互学互助、交流、合作提供了平台。我校各教研组形成了教学研究常态化，每个教研组教师之间都会主动进行听评课活动，针对课堂教学中发现的问题及时进行研究，由教研组教师共同"会诊"，找出解决办法，最后达成共识。即时教研在我校随处可见：教室里、办公室里、

操场上，随处都可以看到老师们围绕某一教学内容展开交流讨论。这种教学研究，具有自发性，主题更为突出，老师们在这种开放的空间中，敞开心扉去交换不同观点，在思维碰撞中共享教育智慧，研究的实效性也更强。

三是师本教研自主化。校本教研的关键环节在于老师在反思中发现教学问题，为了强化老师的问题意识，我校鼓励老师采取反思型教研。最主要的就是"近名师，自教研"和"镜像反思"两种方式。"近名师，自教研"师本教研模式是借鉴了区小学数学教研组的研修模式，教师通过观看名师的教学录像，学习优秀教师的教学方法，学习新理念，结合课题及时反思，将教学反思或学习体会在教师研修网或者校园网上发帖跟帖，与其他教师进行交流，使教学水平不断提高。学校还鼓励教师利用学校的电教、摄影器材，以及录课室资源自行录课，通过观看自己的录像课，进行"镜像"反思，评价教学的优劣，找出不足，制定改进措施。通过师本教研活动的开展，我校老师已经逐渐形成了自觉反思的意识，能够在活动中自主反思，通过自我反思使教师个人的自我意识和自主行为得到了加强。

优化生态课堂教学，确保课程育人质量。结合启梦生态课堂的核心理念——"快乐、平等、尊重、宽容、批判性思维"，学校开展了"骨干教师引领课"、"青年教师比武课"、"师徒结对汇报课"等等各类教学展示活动。在这些活动中充分体现了这一核心理念，老师们在教学实践中转变教学方式，充分发挥主导作用，以生为本，遵循规律，守护梦想；引导构建以学生为主的学习方式，学生自主探究、合作互助、主动成长，让课堂成为每一名学生梦想起飞的沃土。

提升教师质量意识，加大质量监控力度。学校引领教师利用各类培训的机会，了解教育前沿最新的信息动态，并鼓励教师将学习到的新的教育教学方式方法应用于教学实践，在教学过程中探索提高课堂教学实效的有效途径和方法。例如不定期的开展教师讲堂活动，给老师们进行校级交流提供平台；开展各层次教师的课堂教学比武活动，给老师们展示新的教研成果提供机会；开展各学科能力监测活动，为老师们检验教学成果提供方法。另外，我们结合区级的学科学业水平和能力监测，引领教师深研课标、细研教材、精研教

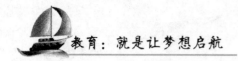

法，并在区级监测结束后，详细分析反馈报告，针对报告内提示的问题，研究本校教学改进的策略，为今后提高教育教学质量打下基础。

艺术科技教育是启梦课程的"二翼"，是我校开展素质教育，培养学生核心素养渠道的组成部分。我们以课程为依托，组织发展学生社团，经过多年的积淀和努力，已形成了鲜明的"双金特色"，成为学生、学校内涵发展、特色发展的重要推力。

艺术教育有金帆。

我校金帆管乐团是启梦课程的重要组成部分，在培育和践行社会主义核心价值观、提高学生审美和人文素养、展示艺术教育成果、推动学校文化建设、传承优秀文化、建设精神家园、开阔国际视野等方面，发挥引领和示范作用。

我校金帆管乐团自 2007 年成立以来，始终本着"以艺明智 德艺双修"的办团理念，以"顽强拼搏 追求卓越"为宗旨，精心组织落实管乐团的各项工作，以艺术教育为突破口，努力探索素质教育的新途径。数年来，管乐团有条不紊的开展各项工作，一步一步发展起来，取得了累累硕果，曾荣获北京市第十四届学生艺术节行进打击乐一等奖、北京市第十五届学生艺术节行进管乐二等奖、北京市第十六届学生艺术节室内管乐一等奖、行进打击乐一等奖等五个市级一等奖的佳绩。曾多次参加区级庆"六一"红领巾社团展示、艺术教育成果展示活动，参加"飞舞的凤凰"中俄青少年艺术团国际文化交流汇演活动、国际青少年艺术交流活动等多种社会演出活动，受到社会各界好评。

学校通过金帆管乐团的训练、比赛及演出和出访活动，培养了孩子们的相互配合、团结互助的好品德，培养了孩子们爱祖国、爱校园、为集体争光的良好风气，激发了同学们的兴趣，使他们的精神面貌焕然一新。

科技教育有金鹏。

启梦"双金"课程的另一个重要组成部分——金鹏科技团，是我校开展科技素质教育的主要载体。

一是科技教育与班级文化相结合。我们加入了《北京市基础教育阶段创

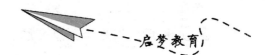

新人才培养项目》的实验校行列，把科技教育纳入课程管理，融入校园文化、班级文化构建，开展"科技示范班"评比与展示活动，形成评价机制，进行表彰。把教师组织科技活动纳入教师的工作量，支持和鼓励教师开展科技活动。

二是科技教育与学生活动相结合。为了让每一个孩子都有机会参与科技活动，在科技教育活动中感受科技的魅力，学校确定每年的十一月为科技节活动月，有计划地组织全体学生开展科技实践及竞赛活动。同时，学校充分利用地方科技教育资源优势，将科技教育与社会实践活动有机结合，每学期组织学生到科技馆等校外资源单位，进行参观学习和实践活动，感受科技的魅力。通过组织学生观看科教影片、参与科技夏令营等活动，开阔学生的科技视野，不断提高学生参与科技活动的意识和能力。 每年结合校园科技节，组织全校学生进行中国科技馆、天文馆、世界花卉大观园、自然博物馆、索尼探梦科技馆的实践活动。

三是科技教育与特色创建相结合。机器人项目是我校科技校本课程体系的一大特色。在各级大赛中成绩突出，屡次荣获全国大赛第一名。我们发挥科技骨干教师的示范引领作用，依托机器人校本课程研发、设计、应用的经验，引领我校其他科技社团活动的开展，2013 年，我校师生作为大兴区唯一一支北京市科技教育示范校的代表，参加了北京市科技节闭幕式暨特色项目展示活动。在科技节现场将 FLL 项目进行了展示，受到了广大机器人爱好者赞誉。

"一基础"：

强身健体的体育活动是启梦课程的基础。一直以来，学校在"快乐体育、终身体育、创意体育"的体育教育理念引领下，坚持把增强学生体质健康作为启梦教育的基本课程，常抓不懈。

一是重视体育工作，加强组织管理。学校十分重视体育工作，成立了体育工作领导小组，统筹协调、明确职责、落实分工，形成齐抓共管的学校体育工作合力。学校积极开展领导干部集体会诊课堂、教导处跟进指导的听课检查调研活动。听课过程中，鼓励教师创新教学方法，严格落实国家体育与

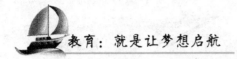

健康课时规定，倡导体育教师和班主任沟通，布置具有三小特色的"体育作业"，切实减轻学生过重的课业负担。

二是规范教学常规，落实工作要求。学校在开齐开足课时、不随意挤占体育课的基础上，注重课堂教学，提高课堂实效。为提高体育课教学质量，学校加强了对体育课教学的管理和研究。体育教师依据课程标准组织体育教学，完成教学任务。在课堂教学实效性方面，学校组织教师不断加强教学研究，注重学习方式和教学方式的改革，提高教学效果。

三是扎实大课间活动，提升活动效果。我校积极开展"课外一小时"活动，学期初制订课外一小时活动工作方案，将校园体育活动时间和内容纳入教学计划，列入课表，严格实施。做到定时间、定人员、定内容、定责任，确保每天一小时的体育活动时间落实到位。结合学生课外活动一小时活动，开展体育、艺术 2+1 项目，有 85% 以上的学生掌握了跳绳、武术等 2 项日常锻炼的体育技能。同时，学校还利用校会、班会、板报、红领巾广播站等形式对学生进行长期的体育安全教育，创造了一个平安的氛围，让学生体质得到健康的发展。

四是依托校园体育节，促进全面发展。学校以"重普及，强提高，创特色"为宗旨，定期开展体育活动。每年春季和秋季举行田径运动会，4 月份开展"校园体育节"活动，组织"梦想杯"校园足球赛、队列广播操比赛、社团展示、体育单项赛等活动，帮助学生树立健康意识，培养学生合作、自信、果断、公平竞争及团队精神等良好品质，发展学生个性特长，促进学生全面发展。

五是加强社团训练，打造学校体育特色。学校重视体育特色社团建设工作，加强田径队、足球队、花样跳绳、健美操等社团训练，组织学生参加区运动会等各类市区级竞赛，抓好运动员的学习、生活，培养出全面发展的特长生。

体育筑牢成长基础。在体育课、课外一小时活动、特色体育社团活动蓬勃开展的过程中，向学生渗透体育文化，使学生丰富体育知识、了解体育常识、培养体育技能、养成体育习惯，逐步树立健康第一的思想，养成、合作、

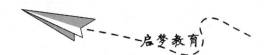

自信、果断、公平竞争及团队精神等良好品质，对学生的性格、意志、毅力、道德品质的逐步形成，起着积极的不可或缺的作用，为学生的健康成长打下了坚实的基础。

启梦教育的内涵模型和推进原则

启梦教育的内涵主要源于学校的育人实践和对教育的思考。

启梦教育是北京市大兴区第三小学多年育人实践的概括与提升，是大兴三小的全体教育同仁对教育的理解与表达。启中国少年之智，育全面发展之才，秉立德树人之本，筑民族振兴之梦。

"启梦"，这个理念源于卢梭《爱弥儿》中的一句话："什么是最好的教育？最好的教育就是无所作为的教育：学生看不到教育的发生，却实实在在地影响着他们的心灵，帮助他们发挥了潜能，这才是天底下最好的教育。"我们所坚持做的，正是在一点一滴中潜移默化的帮助学生不断地树立梦想，并为梦想的实现不懈的努力。

启梦教育作为一种育人实践、一种学校文化，其内涵源于"启梦"二字本义与教育规律契合与融迪。

启，本意是打开，开启智慧，发展优势，点燃梦想；启慧明德，以德养慧，以慧厚德，德慧相济。启，亦有教育之意，子曰：不愤不启，不悱不发。启，更有开始之意，阐明小学教育奠基作用之本，小学教育是为梦想奠基，是学生梦想开始的地方。

梦，是人的意识潜在的萌发，是心中的一种愿望，是一种向往与价值。梦是源于现实高于现实的正能量。

启是育人之道，管理之策，发展之端；梦是追求，理想，目标。

"启梦"就是遵循教育规律，"知行合一，成长有序"，让师生"心有远志，近有德行"。通过"启"（启发，启迪，开启，启示）让孩子心中有梦想，教师心中有追求，学校文化有发展。学校是孩子梦想起飞的地方，启

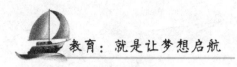

梦教育就是启动师生梦想，让梦想快乐启航。

启梦教育的推进模型是一个动态模型，可从构成、整合、运行三个层面建模。

一、构成模型：

启梦教育由四个平面组成，分别是：

启梦德育体系，

启梦文化体系，

启梦管理体系，

启梦课程体系。

每个体系又由几个方面组成，分别从不同的角度、层面启迪学生梦想，服务发展。

此模型的特点是渠道清晰、分工明确、一目了然，从内容构成的角度建模，强调启梦教育的条理性。

二、整合模型：

启梦教育的整合模型是一个以人为中心的正四面体。（也是正三棱锥）

人的发展是中心和内核，外现的四个平面分别是：

启梦德育体系，

启梦文化体系，

启梦管理体系，

启梦课程体系。

四个体系相互渗透，互为支撑，一面关联三面，三面支撑一面。四个面以服务发展为核心，以服务成长为核心。实现人与发展的合一。四个体系共同作用，共同服务人的全面发展，服务人能有更好的发展。

此模型的特点是相互关系清晰，中心作用突出，从育人的共同作用建模，强调启梦教育的目标性和稳定性。

三、运行模型：

启梦教育是一个质地均匀、阻力最小、具有动感的、以人的全面发展为圆心的球体。启梦德育体系，启梦文化体系，启梦管理体系，启梦课程体系

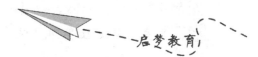

四个平面彼此深度通融，四个体系有意无形，齐心合力，服务人，服务发展。

此模型的特点是核心明确，目标一致，重意轻性，强调启梦教育的整体发展，文化引领。

教育需要大视野，启梦教育更是如此。如何在全民创新、共筑中国梦的大背景下，更好地推动启梦教育的实践，"启迪人生梦想，培育创新智慧"，让师生"心有远志，近有德行"呢？我们提出了明确的办学目标：在启梦教育理念指引下，我们把办学目标确定为办启迪学生梦想的开放式教育，把培育学生成长、成功、成才、成人作为育人目标。清晰了明确的办学思路：本着"办开放性教育，做专家型校长，当研究型教师，育有能力学生"的办学思想，不断摸索符合大兴三小自身特色发展的素质教育之路，不断寻求适合学生全面发展的教育模式，逐步完成了从运用现代信息技术实施素质教育，到以科技艺术教育促进素质教育为特色的提升，取得了骄人的成绩，更使我校步入了大兴区名校之列。明确了启梦教育实践的"四项基本原则"，即：以德为首，以人为本，以规为是，以宜为要。

启梦教育体系上的四个方面和启梦实践的四项基本原则，在具体运行过程中，彼此相互支持，相互融通，时时处处人人事事以学生为中心，以服务学生发展为引领，目前基本形成了特色显著的"启梦教育"育人体系：启中国少年之智，育全面发展之才，秉立德树人之本，筑民族振兴之梦。

我在大兴三小工作了30年，从事学校管理30年。一直以来，我和学校一起成长、进步、发展。学校从一所普通校已逐步发展成为区属名校，开展多年的"启梦教育"更是得到了市区学校文化专家的充分肯定和赞誉。学校先后获得"北京市校园文化示范校""北京市科技教育示范校""北京市艺术教育特色校""'十五'国家级重点课题研究优秀项目学校"、"全国教育科学'十一五'规划课题研究实验工作先进单位"、"北京市中小学信息化工作先进学校"、"北京市推广教育科研成果奖"、"北京市基础教育课程教材改革实验先进单位"。

"用教育改变未来"一直是我的教育理想。做好教育，做好的教育，是

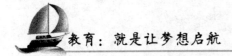

我的人生追求。学校是学生追求梦想的地方，"启梦教育"使我的梦想与学生的梦想朝夕相伴，学校把"启梦教育"做好、做实、做到位就是帮助学生启迪梦想，让孩子的梦想从这里快乐起航。

启梦文化

　　文化，就是"以文化人"。最是书香能致远，最是文化能育人。启梦教育理念下的启梦文化是一种"大文化"，是学生、教师全面可持续发展的动力源泉，它强调以德为首，以文载道，以启为教，以文化人。是有利于学生成长，有助于教师发展，有益于学校发展的环境文化、教师文化、社团文化、管理文化、课程文化、班级文化的总合。这些文化共同组成启梦文化的内涵，这些文化协同共进形成了弘扬传统、启梦未来、聚焦发展的启梦文化体系。

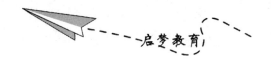

启梦文化：
启育创新智慧　树立人生梦想

　　学校文化对学生的成长有着极其重要的影响。健康向上的、丰富多彩的学校文化能够塑造学生健全的人格，会使学生的精神世界更加充实。优秀的学校文化是一种润物无声的精神力量，会以其潜在的感染力和感召力，引领学生奋发向上，创造美好生活；不仅能提高学生的科学文化修养，也能促进学生身心的和谐发展，全面提高学生素质。

一、学校基本情况

　　北京市大兴区第三小学 1965 年建校，始称黄村第三小学，2004 年更名为大兴区第三小学。学校占地面积 11013 平方米，校舍面积 8016 平方米，绿地面积 500 平方米，运动场面积 5488 平方米，生均 5.50 平方米，拥有 200 米环形跑道 1 个，普通教室 27 个。有科学、音乐、美术、计算机等专用教室共 14 个，其中科学教室 2 个、劳技教室 1 个、计算机室 2 个、录课室 1 个、美术教室 2 个、书法教室 1 个、音乐教室 3 个、排练厅 1 个、多功能报告厅 1 个、科技社团活动教室 2 个，其中一个为机器人活动室。

　　经过多年积淀，学校逐步走出了一条以素质教育为龙头，以科技、艺术教育为两翼，以体育教育为基础的特色教育之路。2014 年被北京市教委认定为"北京市学生金鹏科技团"和"北京市学生金帆艺术团"，成为大兴区唯一的一所"双金"学校。

二、"启梦"文化理念建构

　　孩子承载了社会的未来，是社会的希望。"你长大后想干什么？""你愿意做一个仰望星空的人吗？你的人生梦想是什么？"类似的问题，经常被成人用来询问自己的孩子或学生。不知道从何时起，小学生的理想由做科学家变成做高官，梦想也成了"将来有很多钱""做个有钱人"。尽管我们不能用"高尚"的标准来衡量现在的孩子，但是一些基本的价值判断，是不应

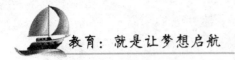

随时间的变化而改变的。对物质过度崇拜，对金钱过度向往，无论何时都不是一种健康的价值取向。如何才能帮孩子确立远大而积极的理想？指导他们将理想和行动结合起来呢？ 这正是因为搁置了"心灵的教育"，一味地把教育划等同为"知识"的传授所造成的结果。信仰、梦想正不断地从孩子的心中蒸发。学生找不到前行的方向，这是明显的梦想缺失。

习近平总书记把实现中华民族伟大复兴的中国梦深深地扎根了我们每个中国人的心中，中国梦的实现汇聚了每一个人的梦想，需要每一名中国人都要为之努力奋斗。小学生作为建设有中国特色社会主义事业的未来建设者和接班人，从小就应敢于有梦，勇于追梦，勤于圆梦。在小学如何引导学生树立正确的、积极的人生梦想，就应该成为我们每位小学教育工作者应努力思考积极实践的课题。

基于以上因素，"启育创新智慧，树立人生梦想"的"启梦"教育理念在老师们一次次的研讨、论证的过程中脱颖而出。三小教师正是要成为帮助学生编织梦想、健康成长的向导；做为学生梦想种子提供成长沃土、阳光雨露的园丁。

（一）"启梦"教育理念解读

第一，学生的梦想——成长。陶行知说："教育只有通过生活才能产生作用并真正成为教育。"梦想最初在学生心中只是一个单纯的欲望萌芽，表现为纯粹的喜欢与好感，而且很不稳定，随着时间等条件变化很容易转移。心理学家认为：追求理想是一个漫长且无人鼓掌的孤寂过程。学生的成长过程需要梦想的动力，更需要一个给学生以自信，适于学生梦想成长的文化环境。

第二，教师的梦想——育人

教师的梦想就是"立德树人"，用自己的智慧，点亮学生的人生。教师能够尊重、理解、宽容学生，给学生创造自主参与的机会、独立思考的空间，给学生以关爱和赞美，给学生以成功的愉悦和体验，鼓励学生大胆探索、大胆质疑、大胆猜想，孩子们的创新就有了希望。从这个角度讲，教育是保护孩子的梦想，是捍卫孩子的梦想，也就是保卫民族的想象力与创造力。

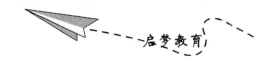

第三，学校的梦想——发展

学校是一个精神特区，以教书育人为本，是一个不断净化心灵的地方。学校整体的发展是基于学生的成长、教师的成长，学校是师生梦想生长的舞台，是师生共同的精神家园。

第四，家长的梦想——幸福

每个家长都把孩子的健康成长做为自己和整个家庭的幸福梦想。当家长每天接送孩子，看到自己的孩子在独特、高雅、创新、完美的育人环境中健康成长，感觉到学校是自己幸福梦想、孩子成长梦想实现的摇篮，会油然而生幸福感。

学校经过多年的教育教学实践和文化积淀，结合我校总体办学理念及实际情况，确立了科技艺术作为学校的办学特色，并相继确立了科技、艺术和体育工作的教育理念。

科技教育理念：以科技梦想鼓舞人、以科学精神塑造人、以科技活动锻炼人。

艺术教育理念：以艺明智，德艺双修。

体育教育理念：快乐体育，终身体育，创意体育。

（二）学校办学目标

以全面推进素质教育为龙头，以科技、艺术教育为两翼，以夯实体育教育为基础，全面提升教育品质。

育人目标： 培养勇于探索、勤于实践、全面发展的优秀学子。

（三）三风—训

学校校风：文明守纪　勤奋学习（1992年正式提出）

学校教风：敬业奉献　乐教善思

学校学风：快乐和谐　会学博识

学校校训：品学兼优　学做真人（1992年正式提出）

（陶行知教育名言：千教万教，教人求真；千学万学，学做真人。）

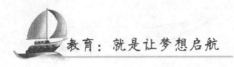

三、"启梦教育"的推进

（一）落实"四三二一"工程，打造高素质师资团队

"四子策略"：外请专家"开方子"，对外展示"搭台子"，青年教师"压担子"，科研兴校"引路子"。

"三化三手"：实现教育观念现代化、教育环境现代化、教育手段现代化；促使教师成为开展教育活动的能手、捕捉教育信息的高手、践行教育研究的巧手。

"两高两全"：高水平、高速度，全体学生、全面发展

"一帮一"：青蓝工程——师徒结对 既要带"师能"，更要带"师德"

（二）发挥文化主体作用，提升学生文化修养

通过德育"一个主题、四个举措、五个开展"德育模式，发挥文化主体作用，提升学生文化修养提升育人水平。

一个主题：践行核心价值观，争做最美好少年

四个举措：中队特色升旗仪式、最美少年评选、主题队课（班会）展评、班级文化建设常态化

五个开展：传统文化学习、开展志愿服务、校园文化节（科技艺术体育节）、自主管理岗位锻炼、大课堂社会实践活动。

（三）规范梦想课程实施，支撑学校办学特色

1.国家课程：开足开齐 保证课时

2.地方课程：因校制宜 自主实施

3.校本课程：自主研发 普特兼顾

学校在课程实施过程中不断深入落实国家、地方、学校三级课程管理，扎实推进以"国家课程校本化，校本课程特色化"为指导思想的校本教研工作和课程改革，积极进行探索和教育教学实践，不断完善符合国家课程要求的、有效推进素质教育发展的课程系统。

梦想课程系列：学科、实践、特色（以特色课程支撑学校办学特色）

梦想课程共计 23 门校本课程。学校以校本课程开发为主动力，把校本课程开发与学校的长远发展结合起来，以点带面，增强学校教育教学工作的实

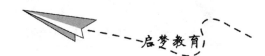

效性，促进学生的全面发展。并将各项课程编入课表，让学生自主选择，积极参与活动。拓展了学生视野，丰富学生的学习生活，发挥校本课程应有的教育作用。

（四）加强环境文化建设，营造积极育人氛围

一个理念：启迪人生梦想，培育创新智慧

三条主线：楼层文化、班级文化、长廊文化

五个功能：展示（作品）、普及（科技艺术知识）、引领（社会主义核心价值观、榜样）、规范（文明礼仪）、特色提升（科技艺术）

为了营造良好的学校校园环境文化氛围，围绕办学理念，学校的校园文化建设进行了系统的规划和设计，并进行科学实施。学校整体由教学楼、综合楼、艺术楼及"启梦生态园"、"寻梦回廊"、"梦源"景观造型、"筑梦文化墙"几部分组成。整体文化设计贯彻办学思想和办学理念，以营造良好育人氛围为宗旨。

学校文化更加彰显育人作用。依托新综合楼的投入使用，外在校园文化体现"积极向上、活泼现代"的主色调，分别以"童趣"、"榜样"、"理想"为主题在教学楼内建立了"追梦"名人录、文明礼仪长廊、科技艺术长廊，让每一面墙壁都发挥着育人功能。另外，在每个教室的墙外，都建有具有班级特色的橱窗，以学生为主体，展示自己设计的班徽、班歌，和集体讨论修改的班规、班训体现班级文化的育人功能。以"品梦书苑"图书室为主阵地，在楼层各个门厅内都设置了"悟梦书吧"，把孩子们最感兴趣的读物送到他们的身边，孩子们课余时间可以随时阅读。在精神文化层面，学校和谐的育人氛围，良好融洽的师生关系，积极向上的学风，严谨踏实的教风，是学校核心价值观的最好体现。

教育是一种文化，是用故有的文化创造崭新的校园文化，校园文化建设的终极目标在于创设一种氛围，重在"化"字上，要用向上的氛围教化人、感化人，使之成就师生高尚的人生，美好的人生。

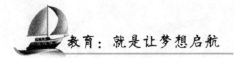

（五）打造学校特色，形成文化品牌

管理：

1.学生：以生为本、自主管理、健康成长（提升能力）

2.教师：以师为本、幸福生活、快乐工作（提升水平）

3.学校：引领示范、人文关怀、制度保障（提升品质）

特色：

阵地建设：红领巾电视台、幼芽文学社

活动特色：双美评选（最美教师、最美学生）、实践活动

品牌文化：科技金鹏、艺术金帆

近年来，三小在"启迪人生梦想，培育创新智慧"办学理念及"办开放性教育，做专家型校长，当研究型教师，育有能力学生"的办学思想指引下，学校不断创新科技艺术教育，以"机器人"、"管乐"等社团为特色，使大兴三小科技艺术教育的魅力不断彰显，2014 年申办北京市金鹏科技团和金帆艺术团获得成功，不仅是对学校科技艺术工作的肯定，更是为孩子们搭建了更广阔的实践和提升能力的舞台，也将通过两团的高标准、高要求的常规化管理，继续对各项工作产生辐射带动作用，促进学校文化品质的进一步提升。

启梦文化为引领　铸造师魂为未来

"百年大计，教育为本。教育之本，师德为基。"教师的职业道德是教师必须遵守的道德规范和行为准则，学校工会作为一个基层组织，不但承接起联系教师的桥梁和纽带的作用，而且在努力维护着教师合法权益和民主权利的作用。依托学校工会激励广大教师不断提高师德水平，才能规范教师的职业道德，从而指导教师的教育教学工作。我们的具体做法是：

一、以高尚的情操陶冶人

师德要发展，要提升，我们以典型的教育案例为抓手，启发教师，感染教师。我们依托党支部、团支部、工会等学校组织，开展"夯实师德基础，

铸就师能大厦"和"聆听师语，牵手佳节"等师德表彰活动，通过"观看歌颂优秀教师、优秀党员的事迹"、"拓展历练"等活动，使教师们感受到了榜样们默默无闻、无私奉献、爱岗敬业的魅力。在活动中净化心灵，磨练意志，提升品质，增强发现自我潜能并挖掘潜能的意识和信心。通过开展"读一本劳模的书"等活动，发挥工会的教育职能，人人争做"四有"教师，不断提升教师的品格。

二、以榜样的力量凝聚人

树立师德师风典型楷模，给老师提供一个明确的师德学习导向。据此教育工会利用寒、暑假开展师德专题培训，寻找"最美教师"等活动。学校党政工团齐协力，开展"我推荐、我评议身边好人"活动，大力宣传和树立身边的优秀教师典型，积聚教师队伍的正能量。为了进一步落实师德建设工作，学校利用每周的教师例会时间开展"教师讲堂"活动，通过说老师日常的平凡小事，彰显了普通教师良好的师德形象，使广大教师看到了身边的榜样，使高尚的师德风范可亲、可近、可学。

积极落实"1+1"名师引领工程，学科带头人、骨干教师以自己的师品、师智、师能、师表，深深地影响着自己的徒弟，使学校的师资队伍快速成长，为教育教学质量的提升提供保证。

对于师德师风建设中表现突出的教师，加强宣传力度，为广大的教师树立榜样，通过示范作用，激发教师自觉参加师德师风建设的积极性、主动性和创造性。创建一个优美和谐、师德高尚的校园环境。

三、以完善的制度规范人

科学规范的制度是学校全体教师的行动准则。学校开展"爱岗敬业修师德，身正为范树师风"师德争先系列活动，全体教师人人签订了师德责任书，并组织全体教师认真学习政策、法规，进行师德知识测试活动，增强了教师依法从教意识，自觉规范自己的师德行为。学校在广泛征求教师意见的基础上，制定了《大兴三小规章制度》、《大兴三小教师行为规范》，把师德的一系列原则、目标和要求具体化，变成可检查、可评比的硬指标。每学期教师的师德多元考核，形成系列化，为了能使师德师风持续有效的良性发展，

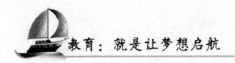

通过聘请行风监督员，公布校长信箱、师德师风监督电话，定期组织家长开放日等，接受家长与社会对学校和教师的监督。并且规范师德师风考核，在职务晋升、职称评聘、评优评先中认真落实师德"一票否决制"。对教师体罚变相体罚的行为，实行"零容忍"，并且每年度评选出校级师德标兵，在教师节给予隆重表彰和奖励。

四、以深刻的现实警醒人

学校工会组织以"教代会"为契机，召集工会成员，共同围绕教师职业道德建设活动展开"师德师风"大讨论，倡导热爱本职工作的教育新理念，通过激烈的争辩，思维的交锋，碰撞出师德的火花，从而有效地提高教职工整体师德师风素质。工会组织还继续深化落实"面对面，心贴心，实打实，服务教职工在基层"活动，进一步密切与教职工的联系，充分发挥工会桥梁纽带作用，为学校排忧解难。师德师风大讨论后，教育工会对全体教师进行"师德师风"的问卷调查，与教师交谈，采取自评、互评、行政评价等多种有效手段，了解一线教师的心声、困惑以及师德师风的认识；还有通过学生参评老师的"师德师风"表现，以及征求社会、家长对老师的看法、意见等。这样教师的师德师风经过自评、互评、生评、社会评价等通过一系列的活动，及时了解教师"师德师风"的动态实时情况，做到未雨绸缪，防患于未然。

五、以"启梦"的文化引领人

我们以"启梦"学校文化为抓手，倡导立师德、强师能，开展各种形式的师德师风建设活动，增强了团队凝聚力，提升了职业幸福感。学校把"三化三手"作为师资队伍的技能目标，用"四子工程"的有效实施，作为培养师资队伍的途径。教师以高尚的师德师风创设良好的人文环境：一是魅力社团做舞台，构建特色课堂；二是依托校园文化节成就学生明星梦；三是通过备课、磨课、悟课不断研究提升课堂教学能力，构建梦想课堂，助力学生梦想的放飞；四是营造教师的团结协作，分享共赢的氛围；五是激励教师敢于成"名"成"家"。我们学校的"启梦"文化告诫我们：要有一颗不甘做平庸老师的积极向上的心，坚定理想信念，不断的学习，以"名师""专家"为人生的航标，激励教师奋发进取，最终实现一个草根教师的"名师教育梦"，

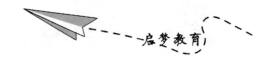

真正实现立德树人，为学生的梦想奠基。

德为本，能为基，行见效。作为工会要积极融入学校各项工作，加强学校师德师风建设，从学校特色文化建设入手,立足于学校实际,着眼于学校未来，积极构建民主、和谐的校园文化，规范师德，铸造师魂，相信师德的天空一定会越来越晴朗。

依托教育工会　丰富启梦文化
构建和谐校园

启梦文化是学校文化的核心。依托学校教育工会组织，提升广大教职员工的归属感和幸福感，全员一心构建和谐校园是丰富启梦文化的重要途径。下面以学校 2016 年工会计划为例，呈现我校在发挥工会作用，丰富学校启梦文化的一些具体做法。（所附学校 2016 年工会工作计划未做修改）

一、指导思想：

大兴三小工会工作以党的十八大精神为指导，在上级工会和学校党支部的领导下，按照上级教育工会的要求，围绕学校中心工作，切实行使工会建设、参与、教育和维护四大职能，团结动员全体教职工，践行社会主义核心价值观，全面提升工会工作能力和水平，为构建和谐校园作出工会应有的贡献。

二、工作重点：

1. 深化师德建设，争当"四有"好教师，打造和谐校园。

2. 以深化教育创新为载体，推动教育教学质量的全面提高。

3. 以教代会的进一步规范和校务公开的深入为重点，积极推动学校民主政治建设。

4. 以教工之家的进一步完善为切入点，丰富教师文体生活，提升工作、学习的新质量。

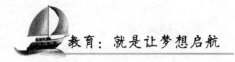

5. 切实维护教职工的合法权益，为教职工办实事，办好事。

6. 加强工会组织建设，提高工会工作总体水平。

三、工作思路和具体措施：

（一）以教师队伍建设为突破口，深化师德建设，打造和谐校园

1. 抓好教职工的职业道德教育和政治学习。组织教职工学习《工会法》等相关法律法规，认真落实上级工会工作目标要求，进一步加强教育法制建设，增强广大教职工依法执教的意识，增强爱校如家，爱生如子的责任意识和质量意识。在全校范围内开展"聚焦正能量，践行师德梦，争做四有好教师"师德实践活动，以"四有之师"为主要学习内容，发挥榜样引领作用，以教师讲堂为依托，大力宣传身边的榜样。开展劳模进校园活动，开展评优选树活动。

2. 继续强化依法治校和依法执教的法律意识，促使教职工树立大局意识和服务意识，鼓励教职工钻研业务知识和现代教育思想、教育手段，锤炼师德，为人师表。动员教职工在日常工作中向先进人物看齐，向模范人物学习，心中装着学生，脑中想着"和谐"，为了大兴三小的发展和未来，乐于吃苦，敢于奉献，建设一支思想水平高，业务能力强，充满生机与活力的教师队伍。

3. 进一步加强师德师风建设，年初签订师德责任书，完善对教师师德量化考核细则，学年末对全校教职工师德进行量化考核，考核结果作为教职工评优选先、职称评定、兑现奖惩、绩效工资考核等重要依据之一。

4. 力争在学校党政的领导与支持下，组织好 "三八节"、"教师节"、"中秋节""国庆节"等纪念活动，增强广大教职工的责任感和事业心。

（二）加强工会自身建设，依法维护教职工的合法权益，强化民主管理意识，进一步提升工会工作的整体水平 。

1. 进一步整合资源，充分发挥工会优势，结合"启梦"教育学校文化的内涵，进一步团结广大教职工以主人翁精神在教育改革中发挥主体作用，从提高职工思想素质入手，坚持工会工作服务于党建工作。

2. 促进校园文化建设，满足教职工精神文明生活的需要，进一步完善"教工之家"的软硬件建设，充分发挥"教工之家"在创建和谐校园中的作用和

在教职工心目中的位置及地位，使教职工深切感受到"家"的温暖。

3. 工会鼓励教职工积极支持、配合学校落实各项管理措施，自觉做到个人利益服从国家和集体利益，局部利益服从整体利益，眼前利益服从长远利益。

4. 关心女教职工的工作和生活，一是做好权益保障工作；二是做好为女教职工特疾投保工作和各项活动；三是充分发挥女性人才作用。

5. 让全体教职工充分关注学校的重点、难点、热点问题，对学校的各项工作做到心中有数，进一步畅通教职工和学校行政领导的交流渠道，为学校的稳定做好协调工作。

（三）开好教代会，做好校务公开工作，加强民主政治建设，进一步维护教职工的合法权益。

1. 进一步完善教职工代表大会制度，引导教职工以理性合法的方式表达利益诉求，重点在落实教代会职权，发挥教职工代表的作用上下功夫。实现教代会制度化、规范化、程序化，使学校管理科学化、决策民主化。

2. 加强工会会员和代表的培训，加强对会员和代表的权利与义务的学习，加强对提案工作的指导，切实提高代表对民主管理、民主监督的力度，提升教代会代表的素质，提升教代会代表参政议政的能力，提高教代会质量。

3. 坚持民主管理，民主监督制度，实行校务公开。深化校务公开制度，促进政治民主建设，强化校务公开工作。落实教职工的知情权、监督权、参与权。

（四）常规工作常抓不懈，努力提高工会工作的品位。

1. 继续坚持开展教职工文体、献爱心等系列活动，丰富教职工的业余文化生活。建立健全活动制度，积极开展全民健身活动。

2. 鼓励教师继续学习和进修，努力提高教师教育教学工作水平和个人修养，参与学校的评优评先、师徒结对工作，把身边的好人好事找出来，把身边的师德先进典型树起来。

3. 围绕学校的教育教学工作，实行动态的关注，结合教育工会的工作布置，及时上报有关方面的信息，为学校的建设与发展唱赞歌。

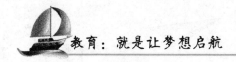

4. 继续开展"送温暖"工程，关心教职工生活，利用特殊节日关心慰问困难职工、优秀教师、退休教师，积极为教职工办实事、解难事。

5. 继续做好工会经费的使用工作，尽量做到"用最少的钱，办满意的事"。坚持开展送温暖活动，把组织的温暖及时送到职工群众的心窝里。

6. 积极响应上级工会组织的各项教师活动，落实上级工会布置的任务，记好工会工作台帐资料。

四、具体活动安排：

二月：

1.制定本年工会工作计划。

2.开展寒假培训和退休教师慰问。

三月：

1. 开展"三八"节庆祝活动，启动教职工平时系列文体活动的开展。

2. 师德系列活动启动，签订师德责任书。

3. 做好女工特疾投保工作。

四月：

1. 开好春季教师趣味运动会。

2. 协助教导处开展课赛活动。

3. 组织参加区教育工会组织的跳绳比赛等活动

五月：

1. 学习劳模先进事迹。

2. 全员建身活动阶段展示。

3. 继续开展课赛活动。

六月：

1. 开展庆六一活动。

2. 师德考核及标兵评选活动。

七·八月：

1. 组织教师交流培训。

2. 教代会准备工作。

九月：

1. 庆祝教师节活动。

2. 师德月活动：讲身边事、学身边人。

十月：

1. 庆祝国庆活动。

2. 教师文体活动月，组织乒乓、羽毛球单项赛。

十一月：

1. 协助教导处开展教学活动。

2. 组织踢毽比赛活动。

3. 工会小组间的拔河比赛。

十二月：

1. 各项工作总结。

2. 准备新年庆祝会。

一月：

1. 评选优秀教师。

2. 开展送温暖活动。

总之，我校工会要紧紧依靠广大教职工，依据《工会章程》，充分发挥工会职能作用，实现工会重点工作的突破和工会自身建设的加强，在深化教育改革中，抓住机遇，与时俱进，勇于创新，齐心协力，共同奋斗。努力把学校工会工作做实做好，为学生的发展、教师的发展及学校教育整体稳步发展做出贡献。

班级博客：班级文化建设中的时代元素

当前，已进入信息时代，学生接触社会，获取信息的途径多元化、立体化，接受教育的途径越来越广，学生的思想越来越活跃，受到多元思想的冲击越来越大，多元文化现象使学生无所适从，远远超出了学生的理解、选择

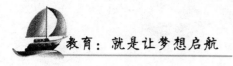

能力。

我们在实践中深切感受到班级是学生成长的主要基地，班级文化建设在促进学生良好道德品质、健全的人格、积极向上的精神状态的形成中，起着十分重要的作用。在班级文化的建设过程中，学生乐学乐做，学生融入健康的文化氛围之中，不知不觉中接受了教育，规范了行为，得到了健康成长。

班级文化可以认为是"充斥班级的一切人为的存在"，核心是多数学生认可的一些价值取向；其关键内容是建立在相互默契的基础之上的群体意识和彼此默认的契约性质的共同规范。班级文化可以概括为学生的行为文化、思想文化、活动文化。

传统的班级工作中，经常利用纸制的"班级日志"，进行班级日常管理、班级文化建设；开展学生骨干队伍培养；构筑师生交流的平台。现在可以利用班级博客进行班级文化建设。同时，班级博客还是班主任进行教育科研的重要载体。不同班级的文化状态一定不会完全一样，通过比较研究自己所带的不同班级，也是班主任自我成长的"助推器"。

1.班级博客在班级文化建设中的应用

第一，活动文化建设。

班级博客实质上可以用做数字化班级日志，实现对班级的数字化管理。班级数字化管理是班级管理的趋势之一。利用班级博客实施班级管理，可以实现学生、家长和教师主体作用的三位一体化。

我们的做法是在博客中将学生的各项常规表现和学习情况有选择性地，以尊重学生自尊心为原则地加以公布。将班级的各项杂务逐一细化为若干个小项目，对学生进行监督和表彰。让学生依据这些评价工具，改进自己，天天有进步，自觉遵守各项规章制度，形成良好的班风、学风。同时，把班级参加学校体育、艺术、科技、社会考察等活动，以及班级自行设计组织的班会、联欢会、志愿者服务、探望同学等活动在博客中以视频、照片、图片、文字等形式展示，进行班级活动文化建设。

第二，思想文化建设。

班级博客为教师、学生、家长提供了广阔的互动交流平台。在这里，学

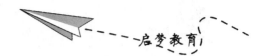

生可以对班级中某些现象、学生关心的热点问题展开讨论，也可以向老师敞开心扉，诉说当面说不出口的困惑，如果学生不愿将自己的留言公开，还可以设置个性化交流方式；学生不愿将自己的姓名公开，也可在博客上以新用户名留言。新型的心理交流平台促进了师生的沟通。

老师也可以记录班级日志来与学生、家长进行交流沟通。教师可以把生活中的平常小事记录在班级日志上，用班级日志来记载快乐、疏缓焦虑，或直接对学生表达希望。

家长也可以通过博客了解孩子在校的学习情况。博客让家长坐在家里就可以了解到当天的各科作业和孩子们的学习及常规表现，使得家校之间的信息的传达更方便快捷。家长还可以在博客上，表达家长心声，交流家教经验，共聊育儿话题，同时也可以提出班级建设的意见或建议。

第三，行为文化建设。

班级博客搜集与学生相关的大量信息。除了日常表现外，还有好人好事、作业完成情况、考试情况分析、以及迟到、早退等情况。实际上，博客记录了学生成长的足迹，相当于孩子们每天都在书写着自己的历史。教师、学生和家长都可以定期了解各个阶段的学习情况，教师能够针对学生的学习进程做出及时、综合和更加全面的评价，或做出方向性的引导，帮助学生改进学习的方法和态度。同样，各任课老师、学校管理者也可以通过班级博客了解班级的日常行为习惯、班级活动等现状。

第四，延展课堂空间。

在博客上，可以发表一些各科的扩展知识或相关故事，在学生阅读的同时又渗透品德教育。也可以将自己日常的生活感悟、教学心得、教案设计、课堂实录、课件等上传发表，超越传统时空局限（课堂范畴、讲课时间等），促进教师个人隐性知识显性化，并让全社会可以共享知识和思想。

学生也可以把自己的作业、作文等上传到博客中，供大家阅读、评论，会有一定的成就感、被认同感，也可以在互相比较中找到差距，更好地激发学生的学习兴趣。

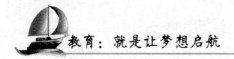

2.关于班级博客促进班级文化建设的思考

第一，班级文化建设与心理健康教育结合。

现在，作为老师要想真正深入了解学生内心世界的真实想法是何其的难。如果没有一个让学生能敞开心扉的交流平台，我们的教育工作就很难说真正帮助我们的孩子和谐的成长。当今社会信息的获得是那么的容易，而学生又很难筛选，学生没有倾述困惑的载体，就会走上坎坷之路。班级博客就是解决这一问题的很好的媒介。

第二，班级博客在班级文化建设中的作用。

班级博客除了兼具纸制"班级日志"的功能以外，还具有交流的即时性、对学生的吸引性、美观性、更新的及时性、班级文化建设的传承性等特性。班级博客可以拓展学生教育的载体和内容，可以搭建成师生互动、班级间交流、班级文化建设以及德育教育信息化的平台，具有激发和发挥学生自我教育的功效，也是班级实施学校德育课程的途径之一。

第三，班级博客使用的简易性。

当前计算机教育已经下移到小学低年级进行，绝大多数学生利用电脑和网络参与班级博客创建已没有任何技术障碍，人人都能操作，因此班级博客在使用上具有简易性。

班级博客是进行班级数字化管理的有效工具，也是一个平等的德育教育的平台，它实现了学生的自主管理、自主学习和协作学习，同时也促进了学生、家长、教师在网络的空间中深度交流沟通。

班级文化：启梦文化的重要组成基础

班级文化是一个班级的灵魂，是每个班级所特有的。它具有自我调节、自我约束的功能。班级文化涉及到与班级有关的各类人群，它既包括班级内学生与学生之间的关系、师生之间的关系，也包括班级各科任教师之间以及教师与家长之间的关系。

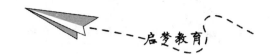
1.理想的班级文化是团结和友爱。

班级文化是学校文化的重要组成部分，一方面，学校文化引领班级文化，另一方面，班级文化使校园文化更具体，更精彩。我们的学校文化是"爱"，在班级文化建设上，大兴三小提出了二个关键词：一是"团结"，二是"友爱"。

"团结"就是班级凝聚力，对班级学习风气影响最为强烈，一个班级如果具有很强的凝聚力，在成长上就很容易形成奋发向上、互帮互学的良好氛围，对学生的成长起到很大的促进作用。教育家魏书生班级管理的一个重要理念就是"人人有事做，事事有人做"。每个学生都在集体中负一定的责任，班级的荣辱与集体成员息息相关，学生的主人翁责任感、集体荣誉感就会得到普遍的增强。班主任要挖掘班级每个同学的潜力，建立人人为班级出力的意识，把同学的心都凝聚到班级的荣誉上。

"友爱"就是班级学生间、师生间的友善关系。一个班级就是一个家，家是温馨的，班级也应该是温馨的。如果生活在和谐、温馨、充满关爱的班级中，学生就会成为一个具有爱心的人。在班集体中，班主任应精心营造一个充满关怀、和谐友爱的气氛，让每一名学生体会到集体的温暖和同学间的友谊。友爱和睦的班级文化会让学生产生强烈的归属感，触动学生自发地加入建设班级文化的行列，使班级文化的建设与学生的发展构成积极的互动，取得教育的成功。

2.班级环境要有"文化"。

苏霍姆林斯基曾经说过，要使教室的每一面墙壁都具有教育的作用。对于教育而言，一切都可以成为它有利的素材，有效的运用空间资源，创设具有教育性、开放性、生动性且安全性的"硬文化"环境，对于陶冶学生的情操，激活学生的思维，融合师生的情感有着巨大的积极作用。

第一，班级环境要干净。教室的卫生是班级文化环境的基础，窗明几净，富有极厚文化氛围的班级中，全体学生会自发地形成一股浓郁的学习风气。干净的教室不是打扫出来的，而是保持出来的。"干净是一种常态，一种习惯"，班主任要注意学生卫生细节的培养，教育学生看到地上有纸屑就主动

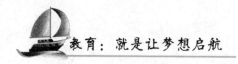

捡起来，课桌椅摆放整齐，小黑板、扫帚、水桶理整齐等，让每个学生都感受到主人翁的责任感——"教室就是我的家"。

第二，**班级环境要"打扮"**。教室的布置应当和谐统一，我们要充分利用班级现有的物质条件，不断开发新的资源，加强班级物质文化建设，使教室成为体现班级个性的育人场所。教室布置的几个重点位置为黑板报、墙壁、窗台、前黑板边缘等。

黑板报是对学生进行思想品德教育的重要阵地之一，它更换方便，可操作性强，可以说是既实用又方便。同时，对黑板报的板面进行精心的设计，可以使学生得到美的熏陶。每一期黑板报，老师都提前指导学生设计好版面，画好插图，确定所需文字的内容、字数等。

板报两侧可以分成几个模块，比如"你问我答""爱的名言""班级明星""传承经典"等模块。

教室前面黑板的上方或两侧可以张贴本班的座右铭班训等，如"世上无难事，只要肯登攀"或其他警句、格言。

在左右两面墙壁上挂上字画或科学家、英雄人物的肖像，在窗台上放几盆花。把学生的思想教育寓于感知的情景中，造成一种"润物细无声"的意境，滋润他们的心田，熏陶他们的心灵，

3.制定班规和班风。

要建设班级文化，需要有制度的保障，如果没有规章制度，班级中的学生就没有约束，而变成一盘散沙。班级制度是将每个学生凝聚在共同的规范之下，用规范约束学生的行为。

比如我校的一个班，班主任和学生共同制定了《班规二十条》，使学生知识、能力、方法、习惯等方面明确了努力的方向。有了这个规定，就为学生进步和班级发展提供了可靠的保证。

班级文化建设还必须形成优良的"班风"。班风是一个班级的风气，是由班级成员共同营造的一种集体氛围，反映了班级成员的整体精神风貌与个性特点，体现出班级的内在品格与外部形象，引领着班级未来发展的方向，对于班级建设具有重要的导向作用。班风好班级就有正气，正确的舆论对班

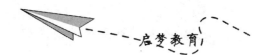

级会产生积极的影响，它能让班级充满浓郁的学习气氛，同学之间团结友爱，师生之间互相信任；而不好的舆论会造成不良的影响，它会使班级中正气受挫，歪风盛行。班主任要去邪扶正，大力表彰先进，以弘扬正气，严肃批评不良行为，坚决制止歪风邪气的滋生和蔓延。

总之，要建设和谐的班级文化，就要物质文化与精神文化同时进行，二者并不是脱离的，事实上它们之间有着密切的关系，班主任要经常教育学生，保证教室环境布置的科学性，在教室布置的过程中，每一张装饰画、每一条标语、每一个细节都要慎重考虑，使教室内外充满一种整洁、舒适、宁静、典雅、和谐的书香气氛，为班级文化建设提供有利的条件。这就要求班主任做个有心人，搞好班级工作，使班级中师生和谐、生生和谐、处处和谐、充满友爱，通过班级文化建设把班级变成一个美好的学习成长的"家"。

校园文化：学校一张最美的名片

校园文化是一本无言的教科书。校园文化对学校的每一名师生都起着指导、陶冶与规范作用，它是一所学校最直观、最具有感染力的名片，是一所学校价值追求、精神风貌、教育特色的集中展现。一般情况下，校园文化是指以学校校园为范围，以社会文化为背景，以全体师生为主体，在学校教育、学习、管理中的方式、过程与结果的总合，这种方式和结果以具有校园特色的物质形式和精神形式为其外部表现并影响着全体师生的发展。校园文化的最高价值在于促进校园人的发展。校园文化有"显性的"和"隐性的"之分。它表现在外是显性的，有物质、环境、行为、制度等；表现在深层的是隐性的，如学校精神，概括起来说它包括物质文化形态、制度文化形态、行为文化形态和精神文化形态等四个层次。

第一，校园环境建设要注重"外表美""内涵深"。

校园文化建设是一所学校持续发展的永恒的主题，校园文化直接影响学校各方面的工作，它不仅是学校开展素质教育的一个重要内容，更是学校发

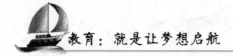

展的一个主要内容，良好的校园文化是学校更健康、稳定、内涵发展的推进器。校园文化建设包括精神文化和物质文化两个方面，其中校园物质文化包括校园环境、教学设施等，是校园文化的外在标志，是校园文化建设的基础。校园物质文化的每一个实体，以及各实体之间结构的关系，都反映着学校特色与教育价值观。良好的校园环境是一种催人向上的力量，校园环境建设既要注重"外表美"又要实现"内涵深"。

其一，让校园环境的外表"美"。美的校园环境体现在二个方面：一是清洁。干干净净的校园环境是一所学校精神风貌的外在表现。校园的净化要做到"五个没有"，即地面没有杂物痰迹，墙面没有污渍，桌椅没有刻印，门窗没有积尘，卫生没有死角。二是校园绿化。葱绿的树木，艳丽的花草，给人以赏心悦目之感，使人精神焕发。学校根据校园环境规划设计绿化布局，如：甬道绿化、楼层绿化、教室绿化、操场绿化等，根据功能设计各具特色的绿化，使学生进入各功能区能溶入其中，充满绿色活力的校容校貌能体现出美的韵味，丰富师生的审美需求。

其二，让校园环境的内涵"深"。校园环境的内涵主要体现在其育人效果上，我校比较重视校园环境内涵的挖掘，结合学校特色和基础硬件，精心设计，努力使"每一棵草能言语""每一面墙壁能说话"。服务师生成长是学校环境建设的根本目的。学校在做到"四有"（即有宣传窗、阅报栏、黑板报、广播）"四上墙"（教风、学风、校风、校训上墙）的同时，还要尽可能将名人画像、名人雕塑、学校标志性雕塑和激励性名言警句放置于校园适当的位置。需要特别注意的是，对于可"活动"的环境布置不要"一劳永逸"，要及时按教育进程更换，充分体现环境育人的课程意识，充分体现环境育人的主题化和系统化。

第二，校园文化建设要体现每一位师生的智慧。

我校以"启梦"为核心的校园文化目前日益浓厚，这是全校千余名师生共同智慧的展现。校园环境为大家，校园建设靠大家。加强校园文化建设，需要全校每一位师生的共同努力，需要受益其中的每一位师生的智慧付出。

绚丽多彩的校园文化是无声的课堂，对学生思想道德品质的形成，良好

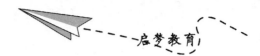

的行为习惯的培养起着潜移默化的作用，起着课堂教学不能替代的作用。我们以"加强德育、整体优化、全面育人"的特点，精心设计安排实施，力争让校园的每一个景点，每一座建筑乃至一面墙壁都成为育人的阵地

1. 合理布局、突出学校特色。

走进校园，绿树掩映红墙，郁郁葱葱的小黄杨树整齐地站列两旁，"童趣天地""文化墙""宣传橱窗栏"等，宣传学校、展示师生风貌，启迪教育学生。教学楼内，电子显示屏滚动播出宣传标语，在一至三楼大厅，最新设置触摸电脑，开通了学校网站、德育网，让学生、家长和社会更好地了解学校的教育情况，从而更加突出学校信息技术特色。2004 年，学校安装了大兴三小家校互动软件，软件可以把语音转化成文本，也可以把文本转化成语音，家长还可以通过电脑进入系统查看孩子平时的学习、纪律、交友等综合情况，也可以通过成绩曲线了解孩子平时的表现，通过这个系统，提升家校互动的水平，充分发挥教师与家长联手的合力作用。

2. 发挥"三小学生名人录"的榜样作用。

在教学楼内，"三小学生名人录"成为校园一道亮丽的风景线。学校建立三小学生名人档案，昔日三小的优秀学生，今日的北大、清华的高材生、国外名牌大学的研究生、博士生，各行各业的成功人士，在教学楼墙壁上张贴他们的挂像，宣传他们的事迹，用学生看得见、摸得着的身边榜样教育学生，教育意义更强，更有针对性！区督导组和德育研究室的领导，对学校的这一创举，给予很高的评价。特别是学校又推出"今日三小名人"（评选的文明小学生，每月更换上榜学生照片），在一楼的校风校训宣传板上张贴，用这种特殊的方式奖励学生，使他们成为全校学生学习的楷模，起到"名人"的教育效应。

启梦德育

　　立德树人，是教育的根本任务。启梦德育是学生发展之根。德是学生全面发展的根本。启梦教育理念下的德育是"大德育"，是无缝德育，即"四全"德育：全员，全过程，全时空，全方位。以社会主义核心价值观为引领，将以德育人渗透到学校文化建设、学校管理、课程建设等各个方面，形成无死角、无空白的启梦德育体系。

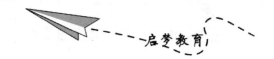

社会主义核心价值观是
启梦德育的主旋律

社会主义核心价值观分成三个层面：富强、民主、文明、和谐是国家层面的价值目标；自由、平等、公正、法制，是社会层面的价值目标；爱国、敬业、诚信、友善，是公民个人层面的价值准则，而建立公民正确的价值准则，是完善社会、国家价值目标的基础。

学校是培育和践行社会主义核心价值观的主阵地，学校要把社会主义核心价值观教育作为德育的根基，服务学校发展，服务师生发展。社会主义核心价值观是学校德育工作的总引领，是启梦德育工作的主旋律。

一、将社会主义核心价值观教育融入学生学校生活之中

学生的学校生活主要是集体生活，团体活动。在集体活动中，学校要努力培养学生的友善意识、合作意识，培养每个学生爱学校、爱同学、爱老师，进而就会热爱祖国服务社会。学校组织的艺术节、科技节、体育节、社会实践等活动，在活动中让学生学会合作，学会和谐相处，学生们在集体活动中有"如乘春风，如沐春雨"的感觉，既有对集体的依托感，又有对集体依赖的愉悦感，还能处处感受到集体的关心。这种付出爱也被爱的精神境界，促使学生积极向上。

现在的学生绝大多数是独生子女，许多学生身上存在着独生子女特有的弱点：生活自理能力差，自我为中心，责任感淡薄，意志薄弱。这些现象令人堪忧，如果我们的教育再跟不上，这些孩子成长道路上问题将越来越凸显出来。因此，开展启梦德育必须把培养学生的社会主义核心价值观放在一切教育教学工作的首要位置。

校内一些集体活动，如社会实践活动等，尽量让学生结合成小组参加。在活动中，让学生体会到只有善于和同伴合作，才能得到大家的拥护和喜爱，才能在竞争中脱颖而出，从而将合作与竞争形成不可分割的整体。

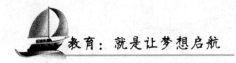

学生价值观的形成需要一个过程，我相信在充满理智和爱心的环境中，发挥学生主动创造的精神，使学生积极参与各种活动，学生的价值取向一定能向着健康、完善的方向步步升华。而拥有了健全、健康的核心价值观，必定为其人生发展奠定下坚实基础。

二、将社会主义核心价值观教育融入课堂教学之中

课堂教学是学校育人主渠道。学校要加强课堂教学评价的德育渗透，使各个学科都有计划地从各个不同角度和不同方面贯穿和渗透社会主义核心价值观教育，使社会主义核心价值观教育入眼、入耳、入脑、入心，走进教材，走进课堂。

1. 充分利用好德育课程。

托尔斯泰说:一个人若是没有热情，他将一事无成，而热情的基点正是责任心。有无责任心，将决定生活、家庭、工作、学习的成功和失败。

学校要制定校规校训，各位班主任也要利用德育课指导孩子们研究制定班规班训等，并积极开展"社会主义核心价值观"主题班会活动，让每个学生都建立正确的行为准则，明确自己担负的职责，鼓励学生做好份内的事，争做份外的事，让孩子敢于担当，成为有社会责任感的人。

2. 强化各学科德育渗透

（1）利用品德课直接进行社会主义核心价值观教育，让孩子了解国情和国际形势，具有民族忧患意识，树立为中华民族伟大复兴而奉献的光荣使命感和责任感。

（2）充分利用语文课的人文性，学习中国传统文化，加强爱国主义教育，使学生确立正确的社会主义的核心价值观，培养学生的爱国主义精神。

（3）在国家地方课程中有效渗透社会主义核心价值观教育，并通过基础知识的学习，培养学生的科学素养和创新精神。

（4）通过开设《国学经典诵读》校本课程，加强研究和宣传中华优秀传统文化，培养学生的民族精神。

三、将社会主义核心价值观教育融入课外校外活动之中

开展丰富多彩的课外、校外实践活动是提升学生道德水平的一个重要抓

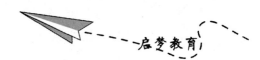
手。学生活动只有回归社会生活才会有生命力，我们要紧紧依托于区域内资源，开展学校社会主义核心价值观专题教育。

例如：寒假里我们开展的志愿者服务活动，孩子们在社区帮助发放春联、窗花等，宣传社会主义核心价值观。每学期学校有针对性地对区域内的资源进行德育主题研发，组织学生走进大自然，走进工厂企业、走进各类场馆，开展"文明公约我宣讲""义务劳动我参与""文明标识我来做""安全知识我宣传""志愿服务我践行"等系列主题教育活动。学生在课外、校外活动这个大课堂中，充分了解校园生活之外的大千世界，在活动中学会合作与创新，在服务中懂得关爱与付出，在活动中践行社会主义核心价值观。

三、将社会主义核心价值观教育融入校园环境文化之中

学校要充分发挥校园文化的熏陶作用，努力建设富有教育意义的校园环境，把丰富多彩的校园环境文化作为进行社会主义核心价值观教育的有效载体。

学校利用周一升旗仪式，采用国旗下讲话等形式，以学习"社会主义核心价值观"为教育内容，对全体学生发出倡议。其次还要通过校园展示屏、广播、橱窗、板报、宣传画等传媒手段，广泛宣传社会主义核心价值观，充分发挥校园传媒的育人功能。

四、将社会主义核心价值观教育融入家校合作交流之中

学校与家庭加强沟通与合作，是提高教育效果的重要手段。为了使社会主义核心价值观教育达到学校、家庭、社会的无缝对接，我们邀请家长、社会团体深入到学校的一些特色活动中，形成家校合力。

今后，我们还要积极组织广大师生认真学习、准确把握社会主义核心价值观的科学内涵，继续把社会主义核心价值观教育与学校教育、家庭教育、社会实践紧密结合起来，努力培养学生积极健康的人生观、价值观。

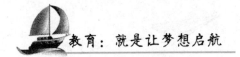

健康的校园文化是启梦德育的主阵地

校园是学生生活的主要场所，校园文化是培养学生核心素养，启梦育人的主阵地。如何让学生在校园环境中健康快乐成长，一直是启梦教育所关注的行动课题。只有让校园充满健康的文化，充满温暖的情感，才能成为学生成长的关键场所，才能充满熏陶，充满浸润。只有这样，我们的启梦德育工作才会是富有创意和具有实效的。

1. 健全机制，形成合力。

"育人为本、德育为先"，大兴三小始终把德育工作放在首位，坚持常抓不懈。学校以"文明守纪勤奋学习""品学兼优学做真人"为校风校训，以"学高为师，身正为范"为教师教书育人宗旨。

为实现这一目标，我们制定并实施了《大兴三小教师行为规范》《大兴三小教师礼仪》《10 条教师忌语》等相关措施，大兴"讲师德、颂师德"之风。另外学校将师德建设渗透到学校管理的全过程中。（1）在各种考核中凸显；（2）在各种评选中凸显；（3）在各种评定中凸显。同时还建立了师德建设机制：（1）四位测评制，也就是教师评、学生评、家长评和行政评；（2）预警机制，组织教师自我对照、相互排查，凡是存在的问题都要及时纠正；（3）帮扶机制，形式有党员干部帮扶、行政帮扶、优秀教师帮扶等；（4）自鉴机制，即期初鉴、期中省、期末结等。

学校健全德育管理机构，成立了以校长为组长，德育副校长、少先队大队辅导员、年级组长、班主任为成员的德育领导小组，做到分级管理、逐级汇报、层层落实，责任到人，形成学校德育网络，保证学校健康向上的校风校纪的形成。

2. 校刊《远航》发挥育人功能。

校刊《远航》是展示师生风采的舞台，更是启梦德育全面育人的载体，配合学校主题教育、主题活动，在开展综合展示交流的同时，经常性推出主题专刊，如为了倡导校园文明礼仪，学校特别推出文明礼仪专刊。专刊包括

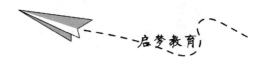

"师德建设""教师、家长谈礼仪""文明礼仪伴我行""新春唱响新童谣"四个板块，从不同角度反映学校弘扬主旋律、培养和践行社会主义核心价值观的方法、举措、思考、活动等。

3. 活动育人。

开展德育活动需要平台和载体，学校的外部环境就是载体之一，如何让这个载体会说话能育人，如何让这个载体有文化有内涵，实现的过程本身就是一种德育资源。我们学校装修焕然一新后，在建设校园文化时，我们思考：用钱用一定的时间就能完成的，还不是校园文化，如何发挥它的育人功能，进一步美化它、爱护它，进而充分发挥校园文化的育人作用？利用这个契机，我们把德育工作的重点放在了加强校园文化建设上，开展了以"三小——我成长的乐园"为主题的一系列活动。

（1）向全校教师、家长、学生征集"美化校园"方案，优秀作品刊登在校刊《远航》上，并给予表彰。通过征集方案，使全校学生、教师包括家长都行动起来，人人为学校美化献计献策。活动中我们共收到校园小诗50多首，校园墙壁美化"图画"30多幅，文明提示语100多句，学生们不仅锻炼了动手动脑能力，而且展示才华，使学生真正融到学校建设和发展中，从而使他们成为学校的小主人。

（2）根据教育部最新颁布的《中小学学生守则》和《小学生行为规范》，结合学校实际，我们制定了符合低年级年龄特点的《一日常规拍手歌》和《大兴三小一日常规儿歌》，并且要求各年级各班制定符合学生特点的具有特色的管理制度，大力倡导"爱三小，做文明小主人！"

（3）开展"三小——我成长的乐园"演讲比赛。3至6年级在本班比赛的基础上，开展全校性的演讲比赛，低年级开展"三小我爱你"说话比赛。在此基础上，学校教工团支部在青年教师中开展演讲比赛，把活动推向高潮。

（4）依托少先队组织，开展"三小——我成长的乐园"主题中队会展评。队会活动中，学生们不仅从心底里发出感慨，三小的同学好、三小的老师亲、三小的校园美，而且以小组为单位，到学校的荣誉室去参观，到档案室去调查，到老师当中去采访……用数字、用事实赞美三小的老师、同学，表达他

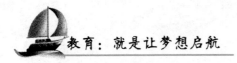
们对学校的热爱之情。六（3）班的关月同学的爸爸和姑姑都是三小的毕业生，她从他们那里了解到三小的过去，了解到三小老教师的情况，了解到三小的变化，更加深了她热爱三小的情感。

（5）评出"爱校小天使"，作为学校形象的典范，在学校橱窗中悬挂他们的照片、宣传他们的事迹，并让这些"小天使"在校园的每一个角落传播文明，传播爱的种子，推动校园文化建设的开展。

（6）利用家长会进一步深化主题活动，鼓励倡导广大家长参与到学校建设和发展中来，在学校的主题教育活动中也邀请家长参与，充分发挥家长的才干。

（7）结合科技活动以及各种竞赛，继续延伸主题活动。大力表彰在各种竞赛中为学校争光，为班集体赢得荣誉的学生，倡导今天我以三小为荣，明天三小以我为荣。

"三小——我成长的乐园"主题教育活动，遍布校园每一个角落，贯穿学校每一项活动，深入学校每一名师生和家长的心中。通过这样的活动，从小处着眼，从细微之处着手，不仅丰富了校园文化建设，而且使三小的德育工作更加切合实际，更加有实效性，从而推动学校全面工作的展开。

艺术教育是启梦德育的主品牌

启梦教育的两翼是艺术和科技。艺术教育是学校的品牌项目之一，也是启梦教育的优势。

多年来，在服务学生成长方面效果突出，逐渐成为启梦德育的重要载体并形成品牌。在大兴三小少先大队品牌建设中，管乐团及艺术教育开创了两个第一，即第一所申报北京市金帆艺术团的管乐团，第一所被北京市小作家协会授予小作家分会的红领巾文学社。品牌建设不断向前推进的同时，学校不断为学生成长搭建更高水平的舞台，助力学生成长。

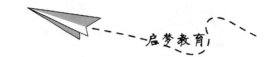

一、铿锵管乐情，共圆金帆梦

（一）树立金帆梦想　激发队员热情

大兴三小管乐团有着深厚的发展积淀，不管是原来的还是现在的管乐团都有着引以为傲的荣誉和经历。自 2007 年三小人树立金帆梦想以来，圆梦的动力激励着一代又一代的乐团队员承前启后，努力拼搏，在提升艺术素养的同时，早日梦圆金帆。学生们把梦想牢记心间，用汗水书写历史，成为金帆团的一员的梦想已深深扎根在队员心间。

（二）制定奖励机制　形成多维评价

管乐团在严格训练的同时，注重过程性评价。评价过程中我们采取多维评价：一是团员自评，二是团员互评，三是家长评价，四是辅导教师评价。通过这样的评价，既突出了训练过程的严格性，又发挥出红领巾社团自主管理的作用。

（三）实践交流展示　扩大品牌影响

我校管乐团注重与兄弟校合作交流，与魏善庄镇第二中心小学管乐团建立了手拉手合作关系，定期开展交流互访活动，为团员成长和乐团发展起到了积极的促进作用。期间团员之间不仅在技能上互相帮助，相互提高，而且之间也结下了纯真的友谊。

（四）展示管乐魅力　绽放金帆梦想

金帆团是学生艺术团的品牌标志，为了这一目标，在申帆的日子里，在全体管乐团的团员，全体辅导教师们坚定信念，抱着势在必得的决心投入到最后的冲刺之中，三小管乐团的成员们表现出了空前的团结和热情。期间的付出、辛苦、微笑、泪水在将来都会成为团员们珍贵而温馨的回忆。团员们面临着金帆下校评审的重任，一台 40 分钟的演出是决定成败的关键，队员们不怕辛苦，刻苦练习，终于在评审当天为专家组教师们奉献出了一台精彩的演出。赢得了专家组的一致好评，团员们的辛苦努力为三小的发展增添了魅力，永载三小发展史册。

二、精彩红通社　助圆作家梦

在大兴三小学生之中，活跃着这样一个群体，他们有着同样的小作家梦

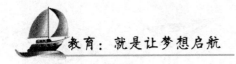

想，他们都有着一手好文笔，他们都热衷写作，他们就是我们的大兴三小红通社以及幼芽文学社的队员们。

为了营造良好的校园文化氛围，更好的宣传三小，丰富学生文化内涵，给有文学爱好的同学们提供一个追逐梦想、展示自我的平台，学校在红通社的基础上创办了三小幼芽文学社。创办以来，红通社幼芽文学社，在辅导员老师的辅导下，一路向前，走出了一条深受学生喜爱的特色发展之路。

大兴三小红通社幼芽文学社开展了一系列活动，取得了丰硕的成果：

（一）定期开展活动 提高活动时效

1.在文学社指导老师的带领下，团员们在学习之余开展美文赏读讨论会、交流会，同时团员每周定期上传博客一至二篇文章，并由辅导员老师对其进行审评，使团员们能够很好地得到学习锻炼的机会并提高文学水平。

2.文学社参加各级征文比赛，向校内外刊物投稿。通过指导老师的评选，评出优秀作品，并在社刊上发表，激发队员们的写作热情，鼓励队员们积极参与。

3.幼芽文学社在新浪网建立自己的博客。开通博客平台，为团员们的作品，活动感受提供实时的载体。

4.幼芽文学社和学校红通社正式挂牌。邀请北京少年报韩墨因老师，大兴作协周树莲副主席，大兴少工委领导参加了挂牌活动。

5.幼芽文学社加入中国作家协会小作家分会，由北京作协副主席王升山向我校校长授牌，6 名同学成为小作家分会会员。 儿童文学作家段立欣为文学社及三年级全体同学做关于写作技巧的讲座。

（二）红通社活动 异彩纷呈

大兴三小红通社，红通社小记者们更是积极联系采访对象，抓住时机宣传报道学校以及典型事迹，取得了丰硕的活动成果的同时，锻炼了小记者，使他们迅速成长起来，担负起红通社工作的任务。

（三）工作成果

1.三年来的征文发表获奖情况。自成立至今作文发表 100 余人次。

2.幼芽文学社期刊《幼芽》，已经刊印五期，校刊一个学期两期，上述两

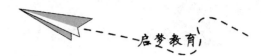

种刊物得到了北京市作家协会王升山副会长的高度赞扬。

3.文学社培育了一批文学新人，社员们通过在文学社的学习，极大地提高了文学创作水平。

大兴三小红领巾电视台业已落成，这为红通社、幼芽文学社的工作提供了一个崭新的平台，通过主持人选拔、栏目设置，记者团队搭建等一系列工作，已实现每周一播，成为孩子们最喜爱的宣传阵地。

无论是大兴三小管乐团，还是红通社及幼芽文学社，都有非常优异的表现，团员的提升力促社团成长，社团的发展又为团员的发展搭建了更高的平台，团员们的精彩表现留下了太多的感动、温馨，骄傲和光荣。三小在今后的工作中也一定会在原有工作基础上，充分发挥品牌优势力促学生成长，启梦教育服务学生成长的品牌优势也会越来越明显。

关注学生核心素养是
启梦德育的主方向

党的十八大提出了"立德树人"要求。我们的德育工作，就是要教会学生做人的教育，是让学生学会生存、学会关心、学会合作、学会发展，完成人的社会化。多年来，大兴三小在"启迪人生梦想，培育创新智慧"办学理念指引下，注重德育的实效性，践行全员德育、全过程德育要求，经过积极探索和实践，我们形成了开展系列校园节日活动的有效实施途径，即"校园四节"，第一个学期的四月体育节、五月艺术节，第二学期的十一月科技节、十二月读书节，"校园四节"活动的开展，对于提高德育的实效性进行了有益的实践。学校实施"一二三四"科技教育模式，凸显全员德育、全过程德育、全学科德育的育人理念。

以培养"全面发展的人"为核心的"中国学生发展核心素养"的提出，为我们的德育工作提出了新的机遇，在未来的德育工作中，我们将聚焦培养"全面发展的人"，时刻关注学生"人文底蕴、科学精神、学会学习、健康

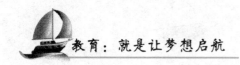

生活、责任担当、实践创新"六大素养的养成，在不断丰富学校德育教育内涵的同时，拓展科技节等特色节日教育活动的创新途径、地点、资源等。同时更要扎实做好"校园四节"特色节日教育，通过特色节日生动的体验活动，培养具有高素质的人才。同时，不断挖掘与拓展中国传统文化节日的教育资源，如端午节、中秋节、重阳节等节日的时代内涵。让我们的德育真正深入到每个孩子、每名教师、每位家长的心中，助力于学生的成长与发展，提升其核心素养。

（一）办好校园科技节——核心素养提升的重要形式和载体

每年的十一月是学校的校园科技节，是对全校学生进行科技普及教育的最受学生欢迎、收效显著的活动形式更是提升学生科技及核心素养的重要形式和载体。

1. 注重节日活动仪式规范性

校园科技节注重仪式教育重要性，每年的科技节都会举行隆重的开幕和闭幕式，让学生在隆重的仪式中体会科技节的庄重肃穆的一面，也是对科学知识严谨性的加深理解。

2. 呈现节日活动形式多样性

每年校园科技节的活动形式多样、内容丰富。每一届都会有新的亮点和设想，而这些来自于学生的创意，也为科技节增添了无穷的魅力。

3. 展示节日活动成果实效性

科技节期间，学生很多的精彩的科技节作品，学校会及时进行收集、整理，并在班级、年级、校级不同层面进行优秀作品展示，增加学生的成就感，同时增进同学间的学习了解和友谊。

（二）贯彻落实"双渠道"——核心素养提升的多种途径

1. 课堂教学——德育的最根本渠道

除挖掘、落实国家课程、地方课程的科技教育元素外，我校把"机器人"项目作为校本课程，在五年级开设，通过对机器人校本课程的学习，及其他年级开设的《花言花语》、《我们爱科学》等科技类校本课程，学生接受到比较丰富的科学技术知识，锻炼科学实践能力，培养学生动手能力的同时，

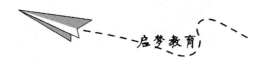

提高了学生们创新思维和创新能力，为他们成为具有创新精神的一代新人打下良好的基础。

2. 积极开展课外实践活动——核心素养提升的有效补充

我校将课外一小时活动、学生社会实践大课堂活动作为科技教育的有效课外补充渠道，坚持以学生为主体，重点在"普及""提高""特色"上下功夫，开展了丰富多彩的科技活动。有效弥补了课堂学习与活动的资源场地等不足。给予了孩子们更加精彩而快乐的学习生活。

在课外活动中特别要提的是机器人金鹏科技社团，通过金鹏科技团的规范的学生管理、严格的社团训练及经常性的外出比赛与展示活动，不仅培养了学生科学探究的精神，更锻炼了他们形成坚定地意志品质和较强的沟通和交往能力。金鹏团的孩子们个个品德好、学习好、表现优，成为了全校学生的楷模。

（三）注重科技教育"三结合"——核心素养提升的必要前提

教育必须是合力，只有做到学校、家庭、社会紧密配合，才能收到协同育人的最佳效果。为此，学校重视科技教育的环境氛围的营造，班级特色园地、科技宣传长廊、学校网站、红领巾广播站、电视台、校报、校刊中的科技专区，成立家长委员会，召开家长会等等都是科技教育宣传与展示的有效平台。

学校每学期组织学生参观中国科技馆、野生动物园、自然博物馆等校外资源单位，组织社团学生代表开展参观军营等活动，每年举行"科技专家走进校园科普报告会"等等，通过走出去、请进来的方式，加强与社会的联系，丰富学生的社会经验。

（四）落实评选科技活动"四优"——核心素养提升的高效评价

通过开展年度特色评价机制，即科技示范班、最美科技少年、最美科技社团、支持科技教育好家长的评选与表彰。实现科技教育的学习先进、争当优秀的导向引领作用。通过科技节期间的科技示范班、最美科技少年、最美科技社团、支持科技教育好家长的评选等，让班级和社团集体、师生家长个人等各个层面的优秀典型都能够脱颖而出，为全校树立起学习与进步的典范。

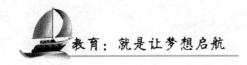

创新德育活动形式是
启梦德育的主思路

"立德树人"是教育的根本任务，更是学校开展德育活动的纲领和方向，如何让德育活动的育人实效更显著，活动形式更贴近学生，贴近生活，贴近现实，德育工作者必须具有创新意识、全局意识、服务意识，只有这样，启梦德育才会具有时效性、浸润性、系统性。

（一）注重思想教育引领

学校积极组织引领干部教师认真学习，把握教育改革重点，紧密结合学校实际，紧密结合学生成长实际，做好启梦德育工作。以爱国主义教育第一课、中国共产党成立周年纪念、红军长征胜利周年纪念为契机，开展系列主题活动。在经典诵读、少先队主题活动、最美少年评选、"百个好活动"、"百节好课例"、"百万明信片"绘制、社会主义核心价值观绘本制作等一系列活动过程中，引领师生大力宣传、学习、践行社会主义核心价值观。学校将红领巾广播站、幼芽文学社、与红领巾电视台进行整合，形成了既各具特色，又融合统一的"一体三翼"特色宣传阵地，在北京市红通社年会中，大兴三小红通社被评为北京市优秀红通社。

（二）创新德育活动实效

1.常规教育规范进行，扎实有效。在新学期开始，开展一年级入学教育和其他各年级的开学教育，规范新学年的常规和礼仪教育基础上，学校德育处与教导处携手，共同研究了开学课程，并于开学两周内进行了有效实施。各班级、各学科将开展"文明礼仪""遵规守纪"常规养成教育贯穿整个学期，做到了常规礼仪教育扎实有效。2016年6月7日，学校迎接了文明校园创建工作实地考察工作，考察小组成员对我校文明校园创建工作给予充分肯定。

2.主题活动符合时代要求，贴近生活

（1）"红色承载希望 信仰点亮梦想"开学典礼，将"启梦"教育理念

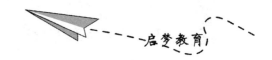

融进学生的思想。

（2）校志愿服务工作开展得有声有色。在大兴区少工委的带动引领下，我校志愿家庭注册 165 户，成立了五个志愿中队，与兴丰家园十户独居老人结成慰问对象。"让志愿者精神充满校园"主题讲座活动、清源公园"缅怀革命先烈 践行志愿精神"志愿者清明祭扫活动以及 "弘扬志愿精神，争做红领巾小志愿者"服务行动启动仪式等志愿服务系列活动，将服务他人、服务社会的精神传承与发扬光大。

（3）通过开展校园第六届亲子诵读活动及承办大兴区亲子诵读大赛，将经典与传统文化的教育有效融合与提升。

（4）"践行核心价值观，争做文明助人好少年"主题校会的召开，以及"大兴区文明校园创建活动"的开展，做好文明主题宣传与教育活动。

3.经典诵读形式多样，深入人心。通过开学初举办"经典伴我同行，博览助我成长"主题手抄报展示活动，"梦想书吧"图书的补充和更新，每月阅读之星和最美读书少年的评选，及丰富多彩的"校园读书节"活动，培养了学生阅读的好习惯。积极组织学生参与《少年向上，真善美伴我行》读书实践活动，培养美德少年。

4.最美少年学习践行，榜样带动。学校扎实推进新版《中小学生守则》学习落实工作，将"三爱""三讲""三护"教育与习惯养成、珍爱生命、安全防护、卫生保健、科技艺术、综合实践等教育内容进行整合，围绕文明礼仪、行为习惯、新区区情等主题开展寻找三小"最美少年"主题教育活动。通过最美文明、爱国、艺术、勤奋等少年的评比活动，进一步将社会主义核心价值观教育、学生理想信念教育与学校德育少先队工作紧密结合，扎实推进，颇具实效。

5.课外活动不断完善，普及提高。按照上级要求，学校继续实施课外活动计划暨课外活动一小时活动，成立领导小组，精心筹划，全面展开课外活动的策划与实施。本着"普及——兴趣——提高"的原则，全校共开设20余个社团，保证了全体学生每周三次、每次一小时的课外活动时间内容和质量，促进了学校科技、管乐、足球等特色社团的提升与发展。2016 年 4 月 20 日，

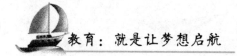
学校迎接区教委督导室关于"培育和践行社会主义核心价值观"和"课外一小时行动计划"两个专项工作督导，评估小组成员对我校两项工作给予了充分的肯定。

6.实践活动内容丰富，拓展视野。本学期按照上级要求，继续将社会大课堂活动与 10%学科实践活动有机整合，开展了社会实践大课堂活动。各年级分别到中小学生综合实践基地、亚麓谷、南海子麋鹿苑、北京植物园等实践基地开展活动，丰富了学生的视野。每一次活动过程做到有计划、有准备、有方案预案、有记录、有实效、有反思、有总结。通过走进社会大课堂，培养学生创新精神和实践能力。

7.加强心理健康、特殊教育和民族团结教育工作。本学期，我校积极申报心理教育资源教室建设，并委派心理教师参加相关培训，指导学生个体及全体开展心理辅导工作。组织教师参与小学生《心理健康》优秀课例评选活动，青春期教育征文活动等。资源教室面向有需求的学生开放，由资源教师郭华老师专门负责。组织干部教师学习《关于学习习近平总书记给中央民族大学附属中学学生回信和李克强总理重要批示精神的通知》精神，在班级、学校管理中创新民族团结教育工作形式和方法，实效性强。

8.结合主题宣传日，积极开展安全教育与引导。2月份，举行"快乐安全伴我成长"主题教育活动；3月份举行《普及紧急救援知识，提高自救自护能力》安全日主题教育活动；5月 12 日举行防灾减灾系列安全主题教育活动，并组织师生开展演练活动。6月份，结合"6.26"国际禁毒日，开展了禁毒主题宣传教育活动。

教学与德育相融合是
启梦德育的主渠道

课堂教学是实施德育的主渠道。在学校教学工作中渗透德育教育，将德育与学科教学有机融合，是提升学校教育品质的重要途径，也是学生成长、

时代发展和全面推进素质教育的必然要求。

一直以来,我校坚持"启迪人生梦想,培育创新智慧"的"启梦"教育理念,确立了"培育学生成长、成功、成才、成人"的育人目标。育人目标的确立,使师生们清楚的认识到,学校教育不仅仅是教学生识字、计算,也不是旨在培养未来的工匠、技师、劳动力,而是要培养知识与态度和谐发展,理智与情感完整统一的人。

秉承这样的教育理念和育人目标,我校积极进行教学与德育工作有机融合的研究和实践,充分发挥学科教学的德育功能,积累了一定的经验,收到了良好的效果。

一、"人本管理"——教学与德育有机融合的根本保证

"人本管理"是我校管理文化的核心。要做好教学与德育工作的有机融合,实现"智育"与"德育"的无缝对接,领导重视与人性化管理是最根本的保证。学校领导十分重视教学与德育工作,注重对教师思想观念进行引领,注重教师能动作用的发挥。每学期初都要求主管教学和德育有关领导根据小教科、小学教研室以及德育研究室的工作计划,来共同制定学校的整体工作计划,将教学与德育工作有机整合。针对"在学科教学和各项活动中如何有机地渗透德育教育"这一问题,学校召开了全校教职工大会,校长亲自作动员,明确意义,统一认识。其次,学校还认真组织全体教职工学习了《北京市中小学培育和践行社会主义核心价值观实施意见》、《北京市义务教育阶段小学学科德育指导纲要》、《北京市基础教育部分学科教学改进意见》以及大兴区教育委员会关于教学与德育有机融合的工作要求。通过学习和讨论,使教师从培养跨世纪人才和社会主义的建设者和接班人的高度,从贯彻落实党的教育方针的高度,充分认识到了将学科教学与德育工作有机融合的重要性,认识到加强学科德育渗透是每个教师责无旁贷的任务,从而自觉在教学中进行德育渗透,不仅教书,更要育人。

二、学科教学——教学与德育有机融合的主要阵地

我校倡导"以人为本、充满活力与生机、教与学达到高度和谐"的课堂教学文化。这就要求所有学科教师,既要认识到课堂是传授知识的场所,是开

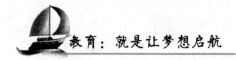

展学科教学的地方,更要清楚地认识到学科教学是我们向学生渗透德育教育的主要阵地。因此,充分挖掘学科教材中的教育因素,发挥学科教学的育人功能,也必然成为了我校教师教学工作中的一项重要任务。依据小学各科教学大纲、课程标准以及学科德育指导纲要,我校对各学科课堂教学的教育性进行了积极的探讨和实践,逐渐取得实效。

1.教学目标有体现。学科教学内容是科学性和思想性的统一,我校要求各学科教师在备课时,要根据学科实际,深入挖掘教材中的思想教育因素,把德育渗透于学科教学之中,依据学科特点,在教学目标中体现社会主义核心价值观的基本内容和要求。

2.教学过程有落实。课堂教学是完成智育的主要途径,也是向学生进行德育的主要途径。因此,学科教学与德育工作的有机融合,最主要的还是通过课堂教学这一环节去完成。我校教师在教学中积极探索与实践,根据学生年龄特征和心理特点,充分发挥教师的主导作用,注重激发学生的主观能动性,在引导学生学习知识的同时,加强德育指导,较好的完成了教书育人的任务。

如我校音乐学科的李铁兵老师,发现学生们上音乐课时都坐在合唱台上,由于彼此离得很近,无意的磕碰时有发生。这时有的学生就会认为自己受了欺负,与同学之间产生不必要的纠纷。作为老师既要讲课又要随时调解纠纷,很是苦恼。于是,在学习《白杨与小河》这首歌曲时,李老师就深挖歌词中的教育因素,使学生在歌唱中受到了德育教育,可谓是一举两得。在听完歌曲录音之后,李老师让学生仔细阅读歌词并思考:白杨和小河之间会有什么联系呢? 它们是怎样相互帮助的? 你们从它们的身上学到了什么呢? 通过讨论学生明白了:同学之间要团结友爱,互相帮助的道理。李老师接着说:我们不光要唱好《白杨和小河》更要做"白杨",做"小河"。音乐对学生的教育似乎比说教更有作用,慢慢地,在学生的歌声中听到了更多的和谐之音,在学生笑脸中看到了更多的团结与友爱。

语文学科的袁花梅老师认为:在语文教学中进行德育渗透,既是语文教学教材中德育因素所决定的,也是语文教学发展的根本要求;既是向学生进行爱国主义教育的需要,也是开拓语文教学视野的必然趋势。她在语文教学

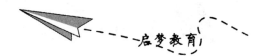

中，注重引导学生品味重点词句，增强爱国意识。通过字、词、句辐射，讲明课文的内在思想性，使学生由技能的学习提高，直至思想的升华。如在教学《颐和园》这一课时，袁老师在音乐的伴奏中进行了朗读，学生们的情感在老师的朗读下完全融汇在课文所描述的情境之中。当学生们对"美丽"有了身临其境的认识后，袁老师又进一步问学生："你们喜欢颐和园吗？为什么？"并结合主题图组织学生讨论。学生们此刻已经产生对颐和园景致的向往和对我国古代劳动人民创造性才能的热爱。借此时机，袁老师又介绍了颐和园遭八国联军破坏的历史。简单介绍了北京还有一座比颐和园规模更大，景色更加瑰丽的圆明园，也同样遭到八国联军的毁灭性破坏，这既激起学生强烈的爱国意识，又使他们沉浸在"我们的祖国多么壮丽"的遐想之中。

以学科教学为主阵地，积极开展德育渗透的研究和实践活动，提高了我校全体教师的德育意识和德育水平，也大大地提高了学校育人的整体效果。

三、实践活动——教学与德育有机融合的有效平台

综合实践活动课程包括学科实践活动、信息技术、劳技、研究性学习、社区服务和社会实践等。旨在使得学生通过亲身实践，综合培养人文、科学素养，培育和践行社会主义核心价值观，提高综合运用知识解决问题的能力、交流与合作的能力、创新意识与实践能力。

我校将实践活动作为教学与德育有机融合的有效平台，结合整体课程计划和学生实际情况，组织学生开展了丰富多彩的实践活动。包括以阅读为主题的语文学科实践活动，以绘本故事为主题的英语学科实践活动，以及数学，科学等为主的学科实践活动。另外，通过组织学生参加社会实践活动，如参观自然博物馆、印刷博物馆、首都博物馆，参观大兴野生动物园，到军营实地参观体验等，在活动中对学生进行了爱国主义教育、革命传统教育、国防教育和社会主义法制教育，同时也将渗透社会主义核心价值观贯穿活动始终，着力校内外教育相互融合共通、互为促进，彰显"育人"宗旨和"以生为本"理念，立足教育性、突出实践性、渗透趣味性、体现服务性、确保安全性策略，不断培养学生的实践能力和创新精神，强调学生情感、态度和价值观的发展，促进教学与德育在社会实践活动中相互渗透与融合。

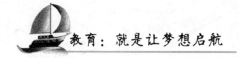

四、校本课程——教学与德育有机融合的重要载体

"以人为本，以学生的发展为本，让课程适应每一个学生的发展"始终是我校开发和建设校本课程的宗旨。我们在开全、开足国家课程、丰富地方课程的基础上，以学校多年来实施的活动课、选修课和兴趣小组活动、主题教育活动为基础，根据自己的办学理念和实际情况，加大校本课程开发力度，自主设计研发了"梦想校本课程"系列20余门校本课程，将校本课程作为教学与德育有机融合的重要载体，促进了学校的内涵发展。

学校根据课程设置的要求，遵循学校课程架构原则，在保证共同基础的前提条件下，根据课程实施和不同的学习特点，将校本课程分为学科基础类校本课程和突出学校特色的学科拓展类、特色拓展类校本课程，以及实践拓展类校本课程（实践拓展类课程包括：自主课程打包使用类课程、德育活动课程、探究性课程和学校的各类专题教育活动以及主题文化节课程等）。学校将校本课程的管理提升到学校课程实施管理的高度，与国家课程、地方课程统筹安排。精心组织，抓好校本课程的管理，如校本课程方案管理、计划管理、教学过程管理以及学生评价的管理等。在校本课程开发的项目、内容上，根据课改进程和教师的变动作适时的调整和完善，经历"开发——实践——评价——反思——改进——再实践"的过程不断完善，逐步改进，保证校本课程健康运行，促进学校特色建设。

五、多元评价——教学与德育有机融合的内在动力

为了学生的全面发展，我校将教学与德育工作有机融合，转换评价的视角、拓宽评价的内容、调整评价的方式，建立了一套学生多元化评价机制，既对学生知识的掌握、技能与能力的提高进行评价，同时也对学生情感、态度、价值观等方面进行评价。通过在各项活动中进行多角度多层次的评价，发挥了评价的强大功能，使评价真正成为了教学与德育有机融合的内在动力。

我校积极开展 "校园读书节"、"校园科技节"、"校园艺术节"以及"校园体育节"等各项活动，并将每项活动作为对学生进行思想道德教育的重要契机。活动为学生提供了学习、展示与交流的平台，使学生各方面的素养得以不断提高。每项活动方案由教导处和德育处共同研究制定，教导处主

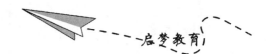

要负责与学科相关的工作布置，对学生学科知识掌握与运用方面进行评价，而德育处则会根据学生在活动中的总体表现，综合教学、德育部门，以及各学科相关教师意见的基础上，评选出大兴三小"最美读书少年""最美科技少年""最美艺术少年""最美孝心少年"等，以激发和保持学生参与活动的热情，在活动中促进学生各方面素质的提高。

通过各项活动的开展，学生的兴趣在活动中涌动，习惯在活动中养成，情操在活动中陶冶，智慧在活动中流淌，美德在活动中绽放。而我们也在对学生参与各项活动的评价中，找到了学科教学与德育教育有机整合的切入点，使教书育人工作更具现实意义和时代意义。

总之，教学与德育是学校工作的两个重要方面，他们相互依存，"你中有我""我中有你"，谁也离不开谁。在今后的工作中，我校会继续对教学与德育工作有机融合进行更加深入的研究与实践，促进我校启梦德育品质稳步提升。

主题活动与社团建设是启梦德育的主平台

为了不断推进启梦德育的育人实效，学校积极开展德育实效研究，着力打造精品德育，打造德育品牌。结合学校参与"大兴区教育品质提升工程"——学校文化与特色建设子项目的研究，邀请专家下校进行一对一的理念指导，学校不断加大宣传与普及，让全体干部教师、家长参与到学校文化与特色建设子项目的课题的研究氛围中，共同关注学校的文化体系、办学理念体系、办学实践体系、优势发展等项目内容的调研、推进工作中来，促进学校的教育品质的提升。积极组织班主任及德育团队教师积极开展德育工作研究，强化成果意识，倡导与引领教师积极参与各项研究成果征集活动。如：家校协同教育征文活动、综合素质评价征文活动、学生健康成长征文、每月主题

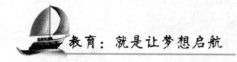

校会的创新开展等等。通过德育研究促进德育整体工作的科学、规范发展和优质提升，逐渐形成了德育活动与社团建设两大德育平台。

一、德育活动平台不断创新

德育活动是学校工作的基础和关键，必须推陈出新，扎实推进，形成系列。通过学校开展德育研究，提出了平台德育的工作理念，开发了一系列符合时代主题，贴近生活，贴近成长的德育平台。

（一）主题活动符合时代要求，贴近生活

1.“铭记历史 缅怀先烈 珍爱和平 开创未来”主题开学典礼，暨爱国主义教育第一课。通过开启“梦想之门”，引领学生踏入新学年，开创新征程。

2.“共建美好环境，同创文明校园”德育主题实践活动，将文明礼仪教育与文明校园的创建紧密结合，让个人融入集体，共同进步，共同提高。

3.召开“做文明有礼、爱国向上的好学生”等不同主题的校会，让每月的校会总结形式不断更新，发挥实效。

4.举行“争做向上向善好队员”主题教育活动，通过系列活动，引领学生向上、向善，做真人，做实事。

5.举办“启迪科技梦想 创造快乐生活”第七届校园科技节；举办“快乐阅读，放飞梦想”第四届校园读书节；以“节”的形式开展科技和读书的主题教育活动，让学生全心的投入，真正的收获。

（三）经典诵读形式多样，深入人心

通过开学初举办“经典伴我同行，博览助我成长”主题手抄报展示活动，“梦想书吧”图书的补充和更新，每月阅读之星和最美读书少年的评选，及举办生动的读书节活动，充分调动学生的阅读兴趣，培养学生阅读的好习惯。积极组织和参与《少年向上，真善美伴我行》读书实践活动，培养美德少年。

（四）升旗仪式把握时事，示范引领

学校少先大队积极改革与创新，积极进行了升旗仪式的改革与创新。此项活动与学习践行社会主义核心价值观活动紧密结合，少先队大队与各中队穿插筹备与主持每周的升旗仪式，在对核心价值观关键词进行解读的同时，展示班级特色及全体学生的良好精神风貌和学风校风。

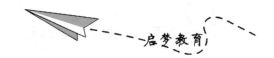

（五）最美少年学习践行，榜样带动

扎实推进新版《中小学生守则》的学习落实工作，将"三爱""三讲""三护"教育与习惯养成（常规习惯和读书写字好习惯，通过常规活动、阅读活动、写字活动贯彻）、珍爱生命、安全防护、卫生保健、科技艺术、综合实践等教育内容进行整合，围绕文明礼仪、行为习惯、新区区情等主题开展寻找三小"最美少年"主题教育活动。通过最美文明少年、最美爱国少年、最美创新少年、最美诚信少年以及每月最佳"书写之星"、"阅读之星"、"进步之星"的评比，最美少年事迹作品征集；每月最美少年评选、学期"星级最美少年"评选，进一步将社会主义核心价值体系教育、学生理想信念教育与学校德育少先队工作紧密结合，扎实推进，做出实效。

（六）课外活动不断完善，普及提高

按照教育部门要求，积极创新实施课外活动计划暨课外活动一小时活动，成立领导小组，精心筹划，全面展开课外活动的策划与实施。本着普及-兴趣-提高的原则，全校共计开设 20 余个社团，保证了全体学生每周三次、每次一小时的课外活动时间内容和质量，并开设室外体育项目（健美操、跆拳道、武术、韵律操）与室内体育项目（各种棋类）及跳绳踢毽精品班，将体育活动不断完善。同时力促学校特色社团（科技、管乐、合唱、版画、足球等）的提升与发展。

（七）实践活动内容丰富，拓展视野

紧跟教育改革的步伐，将社会大课堂活动与10%学科实践活动有机整合，开展了按年级特点走进社会实践大课堂活动，各年级分别到北京野生动物园、自然博物馆、国家博物馆、中国影视大乐园、蓝天城等资源单位开展社会实践活动。另外，还组织了"走进军营"实践活动，人员组成是我校特色社团的团员代表，共 150 名。通过活动使学生了解和体验军营生活和祖国现代化的国防，感受部队严明的纪律、了解军人的紧张的训练和生活。更是激发了学生们热爱人民解放军、热爱祖国的真挚情感，同时为培养学生自律自强、团结协作、健康向上的良好精神风貌奠定了基础。在每一次活动过程中，都进一步规范了我校开展社会大课堂活动的管理与实施细节，做到充分发挥社

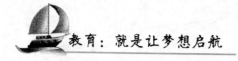

会大课堂资源优势，活动有计划、有准备、有方案预案、有记录、有实效、有反思，有总结。通过走进社会大课堂，培养我校学生创新精神和实践能力。

二、社团建设彰显特色：

（一）科技教育工作稳中求进

作为北京市学生金鹏科技团（机器人项目分团），积极主动并充分利用校内外科技教育资源，在暑期积极组织师生参加在北京市第八十中学举办的北京学生科技文化夏令营各项活动。五年级全面创新与普及开设机器人校本课程，坚持科技创新与课堂教学、实践活动相结合，培养学生科技创新精神。同时结合不同年龄段学生特点，开设了机器人、趣味小实验、科技小制作等科技类社团，丰富科技实践。十一月份成功举办第七届校园科技节，通过生动的启动仪式，举办"星座的由来"科普专家进校园科技讲座活动等内容丰富多彩的科技节活动和隆重的总结表彰活动（表彰最美科技少年、科技教师、科技示范班、支持科技教育好家长，优秀典型事迹分享等），将科技普及教育推向了一个高潮。积极组织与参与以机器人项目为代表的各项科技赛事，取得佳绩。在大兴区第33届学生科技节开幕式上，我校的机器人多个项目及学校科技教育工作进行了现场的科技教育成果展示，同时，学校荣获科技教育先进单位；校长及多名师生荣获先进个人的表彰。

（二）艺术教育工作扎实高效

作为北京市学生金帆艺术团管乐团，本学期我校在做好艺术教育普及与质量提高的基础上，坚持特色项目与品牌，创新艺术教育普及途径与方式：在一年级全面展开音基课程的研发与培训。并将此工作与课外一小时活动有机整合。合理分配与使用资源和时间，在一年级全面普及音基课程，短短两个月的时间，一年级的小同学们已能够吹奏 3-4 首简单优美的竖笛曲。本学期我校的艺术类社团已达到十余个（书法、各类绘画、版画、舞蹈、健美操、工艺美术等），受到学生喜爱。组织管乐团 A 团的铜管声部的同学们，积极参与大兴区第三届学生器乐节比赛，取得小学组第一名的佳绩。在"华盛神州"2015 中国特长生艺术盛典活动中，我校六名同学获得金奖，一名获得银奖的佳绩，并获得优秀组织奖。

加强德育科研是
提升启梦德育的主抓手

开展教育科研，是有效推进启梦教育的重要举措。积极开展与学生成长紧密相关的德育科研是提升启梦德育工作实效的主抓手。

教育科研是教育工作者对教育领域的对象、现象及其规律的一种创造性认识活动。教师在教育教学实践中，逐渐地认识教育现象及其规律性、进一步探求科学的教育教学方法，不断提高教育教学质量，获取最佳的育人效果。

重视学生成长，启迪学生梦想，明确德育科研的主要目的和任务是研究启梦教育过程中急需解决的现实问题，为教育实践、教育改革服务。教育科研只有置身于教育、教学实践之中，面向实际，面向教育改革，面向素质教育，着眼于实践应用，才会有强大的生命力。

开展教育科研必须依靠三支队伍，一是专业理论队伍，他们有坚实的理论基础和较高的学术造诣，有一定的教育科研能力，应当充分发挥他们的指导作用；一支是教育行政人员，他们有丰富的领导教育工作的经验，能掌握宏观、全局的教育情况，可以依靠他们的行政权威，发挥组织协调作用；另一支是广大校长和教师，他们人数最多，工作在教育实践第一线，有大量的教育实践经验，掌握丰富生动的第一手材料，他们是教育科研的主力军。只有建立三结合的教育科研大军，才有可能在教育科研基础上建立有中国特色的社会主义教育体系。教育科学理论只有在教育科研实践基础上，才能接近教育实践需要，切实地指导教育科研工作。

重视学生发展，加强德育科研是学校启梦教育科学化、高效化的迫切需要。

现代社会正在走向高智能的信息化社会，其中一个主要特点就是广泛运用智能工具和各种科学技术来提高人的工作效能和效率。科教兴国正是这一特点的集中反映，表现在科研兴校中就是要坚决屏弃过去那种拼体力、拼汗

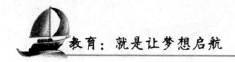

水、高消耗、低效益的落后做法，存在着只凭经验，不注意科学；只知让学生用功，不讲究指导方法；只重知识传授，不重能力培养；只重智力因素，不重非智力因素；只重投入，不讲究效率、效益等不科学的做法。这些不科学的做法正迫切地等待着人们在教育科研中加以解决。

"科研开路、提高质量"已成为一个趋势，越来越多的学校，越来越多的教师都明确提出"向教育科研要质量"，并结合本职工作学习教育理论，总结教育经验，改进教学方法，进行专题研究，这一良好做法在一些学校已蔚然成风。一个教育工作者，特别是一个教师，不仅应该较为系统地掌握基本的教育规律和从事教育教学的基本技能技巧，还必须掌握关于开展教育科研的基本理论和方法，积极投身与科研实践，善于通过教育科学活动不断取得教育科研新知识，探索教育科学新领域。

教师在培养学生的同时也应该不断的积累经验，丰富成果，改革创新，有所收获。并将自己在多年的教育工作中对教育规律的认识和教育经验的总结，升华到教育理论的高度，撰写出各种教育科研成果，并加以推广应用，为教育改革贡献力量，创造完美的人生价值。

总之，广泛开展启梦教育科学研究，走科研兴校的道路，既是学校发展的客观需要，也是教师自身发展的需要，只有高度重视教育科研，并把教育科研摆到真正的位置上，脚踏实地，真抓实干，不断提高教育科研能力，深入探索素质教育规律，才能取得良好的育人实效。

一是挖掘渗透内容。

德育要寓各学科教学之中，贯穿于教育教学的各个环节。语文、数学、社会、科学等学科要充分发挥学科的优势，结合教学内容对学生进行爱国主义、集体主义和社会主义思想教育，通过中国和世界科技发明与发展的典型事例，对学生进行辩证唯物主义世界观、科学精神、科学方法、科学态度教育，爱国主义和思想品德教育。音、体、美等学科也要结合学科特点，陶冶学生情操，提高心理素质，激发爱国主义情感，磨练意志品质，培养团结协作和坚忍不拔的精神。

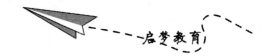

二是优化学科教学。

课堂是实施启梦德育的主阵地，学科教学中渗透德育教育是一种全员性策略，教师要在教学目标、教学内容和教学方法诸方面渗透德育教育来优化课堂教学的全过程，各学科要开展学科渗透德育教育的教研研究活动。认真上好思想品德、晨会、班队活动课。

三是开展实践活动。

紧紧把握教改脉搏，在各年级，特别是中高年级开展综合实践活动，并同学校特色紧密结合。综合实践活动的主题来自于社会生活、自然世界，任课教师要结合教材内容与学生一起选好活动主题。组织学生考察、实验、探索、研究，通过一系列的活动发现和解决问题，发展实践能力和创造能力。

总之，只要心系学生成长，加强启梦德育科研，启梦教育的办学思想就会深刻地影响着广大教师，并且在启梦文化中起着引领作用。我们的教育教学活动就能更多地体现启梦教育的内涵，使每一个学生在启梦教育的熏陶下健康快乐地成长。

启梦管理

　　管理是一种重要的生产力，启梦管理是师生发展的基础。学校管理团队是全面落实启梦教育的中间力量，是深化启梦教育理念和指导启梦育人实践的纽带。启梦教育理念下的管理是中层干部成长和发展的平台，要求中层干部必须树立服务意识，人本意识，全局意识，补位意识。启梦管理是以人为本的"人本"管理，概括地说就是"法·规·人·情"的管理。

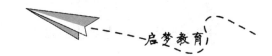
聚焦创新，服务启梦，助力成长

启梦教育的一个重要内涵就是创新。在文化上是展望未来，在育人目标上是培养创新能力，在管理上是创新思路，在课程建设上是资源整合与创新。学校以"启迪人生梦想，培育创新智慧"的办学理念，"办开放性教育，做专家型校长，当研究型教师，育有能力学生"，开拓进取、攻坚克难，打造创新型教师队伍，开展创新教育教学工作，在实际工作中将创新精神与务实工作相结合，服务启梦教育，助力学生成长。

一、创新工作思路，明晰发展方向

教育管理创新要以全面深化基础教育课程改革为切入点，将立德树人根本任务落到实处，服务"鼓励学生勇于创新，勇于实践"。学校教育各项工作的创新，首先要建立在对新时期下教育教学工作深化改革的基础上。所以，创新工作的前提和基础就是教育工作者思想观念的创新，思路的创新。

结合本校的实际情况，我们将创新工作的目光聚焦在艺术教育与科技教育上，并依托"北京市学生金帆艺术团"与"北京市学生金鹏科技团"优势和资源，明确艺术教育与科技教育的目标，引领和带动学校的创新发展，不断明晰学校素质教育发展方向。

二、创新管理方法，优化管理制度

在学校发展规划中，将科技教育与艺术教育作为一项重要工作来规划，并成立了以校长为组长的科技、艺术教育领导小组。形成了具有三小特色的"三到位"、"六必有"的管理制度，即：领导管理到位、师资培训到位、经费支持到位；实施必有计划、活动必有主题、师资必有支撑、硬件必有保障、过程必有反思、结果必有评价，使我校的科技、艺术教育有了强有力的制度保障和管理支撑。

三、创新组织实施，惠及全体学生

（一）组织实施规范化，促特色项目健康发展

在科技教育中，教师根据学校计划、机器人校本课程内容、学生情况、

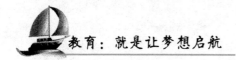

赛事情况制定本学期的教学计划，并按照计划进行教学。学校科技领导小组，科技办公室不定期通过听课、研讨、与学生交流等方式了解机器人校本课程的开展情况。对于机器人社团，学校要求有计划、有记录、有步骤、有创新地开展活动。比如，成功举办第七届校园科技节，通过生动的启动仪式，举办"星座的由来"科普专家进校园、科技讲座等全校规模内容丰富多彩的科技节活动（七个一活动），并隆重地总结表彰最美科技少年、科技教师、科技示范班、支持科技教育好家长，优秀典型事迹分享等，将科技普及教育推向了一个高潮。

在艺术教育方面，在实践中摸索出了一套创新性的管理模式，通过人性化管理调动团员积极性。每年组织评选优秀团员、首席团员，举办家长开放日等活动，取得了良好的效果。在成功举办的第七届校园艺术节基础上，通过班级、年级、校级的风采展示活动，逐层推选出"校园艺术之星"和最美艺术少年。

就金帆管乐团训练模式而言，我校也创新了训练模式。我校为 A、B 团设计了不同的训练方案。A 团采取"3-2-1"的训练模式；B 团采取"2-2-1"的训练模式，这样的创新做法，既有训练时间保障，又有专业教师指导，使演奏技能稳步提升。

（二）社团活动丰富多彩，普及科技艺术教育

我校科技教育与艺术教育工作本着普及与提高并重的原则，在实践过程中，除机器人社团与管乐团之外，依托课外活动时间，开展了丰富多彩的科技与艺术普及类课程，如艺术类：朗诵、主持人、版画、水粉画、儿童画、影视、健美操、韵律操、工艺美术、书法、戏剧等；科技类：无线电、电脑绘画、单片机、趣味小实验、科技小制作等社团，这些社团成为学生们学习艺术，接触科技知识最广泛的渠道。学生在学习和活动的过程中，逐步加深认识与了解，进而喜欢到近乎痴迷，这个过程就是他们对科技艺术产生浓厚兴趣并能持之以恒坚持学习的过程。只有有了兴趣和持之以恒的坚持，才能真正达到学习的预期效果，让科技教育艺术教育普及到每位学生的心间。

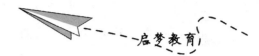

（三）班级评价多元创新，巩固师生参与热情

在多年的艺术与科技教育实践过程中，我校摸索出了一套完善的班级评价体系，这也是我校在班级参与科技艺术教育工作中的一项创新举措。在工作中，我校结合班级参与科技艺术活动的参与率、作品上交份数、质量、校级区级市级科技艺术比赛的获奖情况，班级活动的方案、记录、总结情况等，制定了《科技示范班评选细则》、《艺术示范班评选细则》，通过每学年开展"科技示范班"、"艺术示范班"评选活动，规范了我校科技艺术教育工作评价体系。通过在科技艺术节总结会上给予表彰，极大的调动与巩固了班主任及学生们的参与积极性，他们在参与过程中享受到了科技艺术带来的魅力，增长了知识，提高了技能，愉悦了身心，提升了个人科技艺术素养。

四、创新校本课程，提升教研水平

（一）以新课标为导向，创新校本课程

创新校本课程以新课程目标为导向，用新的教研观念和教育理念围绕新课程的实施，有目的、有计划、有组织地开展研究学习活动，吃透新课程目标的理念和精髓，用新的创意、新的方法为教育教学研究校本课程的开发与实施摸索出了一条新路。

结合我校实际情况，充分引领和调动科技、艺术老师的积极性、主动性，我校自主研发了《管乐》《放歌和谐》《秦腔琴韵》《版画》《机器人》《花言花语》《我们爱科学》等校本课程，并已出版印刷成册供师生校本课程使用。

（二）完善科研制度，培养研究型教师

学校建立并完善教研科研制度，定期开展科技艺术教育相关学科的教研科研活动，使教学与研究互融共促。支持科技艺术教师参加市区级培训和学习；校内以教师讲堂、小课题研究等活动为途径，提升校本研修质量。涌现出一批素质优、水平高的科技艺术教师。经过多年的探索实践，逐步实现了教师由"经验型教师"向"研究型教师"的转型。

五、创新工作结硕果，金鹏金帆创佳绩

我校在"启迪人生梦想，培育创新智慧"教育理念的指引下，在以科技

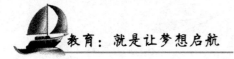

教育、艺术教育为龙头的创新工作的实践下，我校创新工作结出了累累硕果，学校的管乐团、机器人社团，分别被北京市教委认定为北京市学生金帆艺术团管乐团和北京市学生金鹏科技团（机器人）。

（一）艺术教育工作扎实高效

在成功申办成为北京市学生金帆艺术团这个新的荣誉和挑战之后，艺术教育重点继续在做好艺术普及、金帆团梯队建设的基础上，坚持特色项目与品牌建设。大兴三小管乐团经过梯队建设现有团员 180 余人。管乐团在领导支持、师生共同努力下，艺术教育工作、金帆团的建设工作稳步推进：创新了家长进乐团训练课堂听课制度；积极参加大兴区第二届舞蹈节获二等奖；在大兴区星星放光彩——寻找身边的艺术之星活动中，有 15 人获最佳艺术之星，有 18 人获优秀艺术之星。我校还顺利承办了西乐铜管、木管项目比赛。大兴区少先队"社会主义核心价值观之歌"校园集体舞评比三等奖

我校在做好艺术教育普及与质量提高的基础上，坚持特色项目与品牌，创新艺术教育普及途径与方式。在一年级全面展开音基课程的研发与培训，并将此工作与课外一小时活动有机整合，合理分配与使用资源和时间。短短两个月的时间，一年级的小同学们已能够吹奏 3-4 首简单优美的竖笛曲。目前我校的艺术类社团已达到十余个（书法、各类绘画、版画、舞蹈、健美操、工艺美术等），受到学生喜爱。管乐团 A 团的铜管声部的同学们，积极参与大兴区第三届学生器乐节比赛，取得小学组第一名的佳绩。在"华盛神州"2015 中国特长生艺术盛典活动中，我校刘馨遥等六名同学获得金奖，一名获得银奖的佳绩，并获得优秀组织奖。

通过金帆乐团和艺术教育规范的管理工作，为学生提供更优质的教育资源和锻炼、展示的平台，并以此带动三小科技艺术乃至全面教育工作水平的提升，更好的实施素质教育，培育学生的社会主义核心价值观。

（二）科技教育工作稳中求进

学校着力推进金鹏团的建设和规范。作为创新人才培养工程的参与校，我校积极主动并充分利用校内外科技教育资源，坚持科技创新与课堂教学、实践活动相结合，培养创新精神。在科技教育办公室的组织领导下，积极探

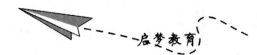
索和参与未来工程师创新项目的研究实践，在原有优势项目取得好成绩的基础上，参与"过山车"、"创意微拍"等新项目的尝试与比赛，并分别进入全国赛，获得了二三等奖的好成绩。传统机器人项目也再创区市、国家级奖项十余项，不断刷新成绩，并成功承办大兴区科协举办的机器人 FLL 项目区内选拔比赛。

我校科技工作还充分利用校内外科技教育资源，在暑期积极组织师生参加在北京市第八十中学举办的北京学生科技文化夏令营等各项活动。五年级全面创新与普及开设机器人校本课程，坚持科技创新与课堂教学、实践活动相结合，培养学生科技创新精神。同时结合不同年龄段学生特点，开设了机器人、趣味小实验、科技小制作等科技类社团，丰富科技实践。

总之，启梦教育的重要之处就在于为一个人一生的生活和学习奠定基础。大兴三小教师在恪守我校教育理念的同时，始终把育人放到第一位，拓宽启梦育人途径，为培养有创新精神与创新能力的学生，启梦学生的未来奠定基础。

发挥启梦管理作用
提升课程管理能力

管理服务发展。学校管理必须服务师生发展，服务学校发展，服务课程建设。提升学校中层干部的课程管理能力是启梦管理的一项主要内容。它要求学校中层干部充分理解启梦管理的内涵，提高自身管理能力，发挥启梦管理作用，推进学校进一步优化课程体系，创新教育教学方式、评价方式，让师生有更多获得感、幸福感。

一、把握好"教"与"管"，在转变中提高

（一）转变教师观念，提高课改理解力

课程改革对于教师最大的挑战是观念的转变。学校为了让教师尽快理解新课程，组织相关教师进行多次培训，学习《课程计划》及相关文件，了解

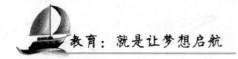

学科实践活动的重要意义，让教师意识到《课程计划》更加注重学生理想信念和核心素养的培养，更加关注学生学习体验、动手实践及创新意识的培养，突出实践育人的价值，也更加关注课程的综合化、主题化，强调课程整体育人功能和价值。

（二）转变教学模式，提高教师综合能力

《课程计划》目标的统整、课程内容的整合，需要教师具备深厚的专业功底，对教师课程和活动设计能力、整合能力，以及合作教学、跨班级、跨年级授课等专业素养提出了更高的要求。学校通过教导处统筹管理、教研组集体备课与学带骨干示范引领相结合的方式，鼓励教师挖掘本学科实践活动内容，积极开展基于问题的实践研究活动，通过多样化的实践性学习方式，转变单一的以知识授受为基本方式、以知识结果的获得为直接目的的学习活动，采用探究、调查、访问、考察、操作、服务、劳动实践和技术实践等方式，使学生在实际活动过程中亲历和体验，锻炼各方面能力，推动学生学习方式的转变，为学生创设更为开放、灵活、可选择的课程空间。

（三）转变管理方式，提高课程管理力

新课改对学校课程管理工作提出了崭新的要求和思路。学校将学科实践活动时间统筹管理形成系列课程。从课程方案制定、课程设计、课程实施到课程评价实行"一条龙"管理模式。

1. 方案制定全员参与。

在明确目标的基础上，学校充分激活教师的积极性，让每一位老师都参与到课程方案制定过程和课程建设中来，尽快接受、消化课改理念。学期初，教导处组织全体教师研讨制定课程实施方案和计划，力求让活动更加贴近学生生活，有助于学生发展，确保活动有效开展。

2. 课程设计集体研讨。

每一次活动的方案设计都是教研组集体智慧的结晶。我们的集体研讨活动通常经历定题→初备→说课→研讨→修订→加工→实践→反思→保存的过程。开学前，教研组在分析学生、分析教材、分析学校基础上进行研讨，确定主题和主备人。由主备人在以上基础上形成一个完整的实践活动方案，并

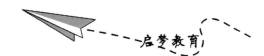

在说课之前将方案的电子版发到本组每位教师以及教导处，让每位教师"挑刺"、找毛病。说课时，教导处及全体教研组成员一起听、一起议、一起改，经过反复加工方可实施。活动结束后及时反思和总结。教导处定期组织教师召开研讨会，总结经验和不足，为以后的活动奠定基础。活动方案、总结、活动过程性材料由教导处随时收集和保存。

3. 课程实施整合优化。

《课程计划》指出，学科实践活动课程的开发和实施，要避免用学科教学内容简单替代，要突出实践性、探究性，尽量依托参观、调研、制作、实验等形式，逐步形成学科内综合以及跨学科多主题、多层次的系列课程。

学校在课程计划指导下，开展学科内部、跨学科课程整合。通过优化课程、转变教学方式等，在整体推进国家、地方、校本三级课程体系基础上，依照立足学科、重视实践、突显特色的宗旨，以综合实践形式为主，每周五利用半天时间开展跨学科实践活动，将每个学科 10%学时的实践活动统筹安排，创新教育教学方式、评价方式，实现减负增效。

学校引导教师加大跨学科整合的探索，除了相近学科同一领域的整合之外，还进一步加强了语文、数学、英语等学科在综合实践活动课程中的应用。在设计学科实践活动的时候，尤其注重引领教师联系学生的生活实际，有效地将学科内容融入学科实践中，使实践活动成为课内学习的有益补充。例如六年级数学学科实践活动，学生通过调查商场的促销方式，进而设计自己的购物方案。问题源于学生的生活实际，与学生的生活紧密相关，同时学生利用所学过的统计、打折等数学知识解决生活中的实际问题，培养学生提出问题、分析问题、解决问题的能力。

我们也在探索基于不同学科特点的实践活动整合。如三年级走进自然博物馆实践活动，语文组教师结合课文《走进恐龙世界》设计了拓展活动，用任务驱动的方法，让学生到博物馆中去体验、去探究、解决问题，激发了学生的探究欲望，提高学生实践能力。品德与社会老师结合学科知识，通过小组合作设计《参观自然博物馆路线图》，培养学生合作意识以及运用已有知识解决实际问题的能力。科学老师结合《动物世界》相关内容，让学生在体

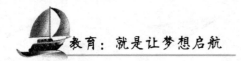
验中认识自然、了解自然，探索大自然的奥秘，尽情与大自然"对话"。

4. 课程评价灵活多元。

科学合理的评价体系可以促进学生全面发展、促进教师不断提高和课程不断发展。学校关注过程性评价，从学生参与态度、合作交流、学习技能、实践活动、成果展示等方面，通过学生自己、老师、家长和同伴的评价评选出"最美实践之星"，并建立学生活动档案，激励学生积极参与。对教师的评价，重视教育行为、态度、工作质量、教师的自我管理和评价，强化教师的反思意识和行为。

二、把握好 10%和 90%，在课程中育人

10%学时学科实践活动是对整个课程结构体系、教学方式等方面的补充，因此学校需要处理它和其余 90%课时的关系。

（一）综合实践、学科课程发挥育人合力

我们充分地认识到落实"10%"要把握实质促进整体优化。在课程整合制定过程中，看到 90%里既有国家必修课程，也有校本选修课程。明确各类课程的功能定位，使每类课程各司其职，各得其所。10%学时的学科实践活动结合学生和学校的实际来安排设置，避免盲目追求形式化，使综合实践、学科课程之间发挥育人合力。

（二）办学理念、育人目标引领课程设置

课程最大价值在于促进学生成才、教师成长、学校发展、社会发展。"启梦"教育是我校的办学理念，我们围绕办学理念，以学生发展为核心，以培养创新精神与实践能力为目标，充分利用学校特色以及丰富的资源，努力使学校发展、教师专业发展、学生个性发展与课程发展共同成长，形成具有三小特色的学科实践活动课程系列。如：

数学—"智慧"系列

语文—"梦幻"系列

科学—"发现"系列

科技—"创新"系列

艺术—"魅力"系列等

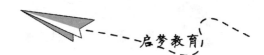

语文学科实践活动以"童话世界梦幻多"为主题，与学校文化建设核心理念————"启迪人生梦想，培育创新智慧" 相结合，整合了语文、美术、心理、信息等学科知识，是一次跨学科的实践活动。各班开展了童话故事擂台赛、童话剧表演、绘制童话人物等内容丰富，形式多样的活动，引导学生走进童话世界，在快乐的情绪中读童话、写童话、画童话、演童话、唱童话，激发孩子们的想象力、创造力，拥有对美好未来的憧憬，树立远大的理想，并为梦想的实现努力。让孩子们的童年在亲近童话中变得生动、润泽，真正让童话成为孩子的一种快乐记忆和成长动力。

三、把握好"学习"与"实践"，在活动中成长

课程设置应确立学生在课内外学习过程中的主体地位，关注学生通过探究获取的经验，为学生提供多种学习经历的观念，通过形式多样、内容丰富的实践活动为学生的兴趣爱好、个性特长发展搭建平台。

学校关注学生"学习"和"实践"的过程，开发拓宽"学习"和"实践"渠道，帮助学生在实践过程中体验、感悟、建构并丰富学习经验，同时给予学生自主选择的空间，提高学科兴趣，激发创造力。用自主探究、实践体验、合作交流的学习方式，让学生合理灵活地利用各种课程资源和信息技术进行学习和活动，实现学习方式的多样化，通过多种途径满足学生多样化和个性化发展的需要。

（一）关注学生核心素养的培养和学生实际获得

目前，国际上热议的"21世纪素养"（21stCentury Skills，也有人翻译为"21世纪技能"。21世纪素养分为三大类：

学习与创新素养包括：批判性思考和解决问题的能力、沟通与协作能力、创造与革新能力；

数字化素养包括：信息素养、媒体素养、信息与通信技术素养（ICT素养）；

职业和生活技能包括：灵活性与适应能力、主动性与自我导向、社交与跨文化交流能力、高效的生产力、责任感、领导力等。

学校是育人的重要场所，更应关注学生核心素养的培养。在组织教师确定活动主题时，立足充分挖掘所教学科的核心素养，注重各学科核心素养的

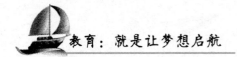

纵向沟通进一步优化，为学生的核心素养奠基。活动中满足学生个性化发展需求，引导学生学会学习，发挥学生的主体性，关注学生的成长。例如六年级科学学科实践活动，"小小科学家"通过小组一起实验探究、撰写科学小论文，培养了学生学习与创新素养。

（二）关注学习方式的变革

学科实践活动是对整个课程结构体系、教学方式等方面的有益补充。我们的实践类课程关注学生体验、探究，引导教师通过整合、实施课程，不断创新的教学方式；让学生经历学习发生的过程，弥补学生直接经验学习的不足，使学生既有接受式学习，也要有发现式学习；既有研究性学习、探究性学习又有基于问题的学习；既有合作学习又有独立学习。如四年级科学实践活动"小小织布师"，采用研究性学习的方法，让学生通过搜集资料、调查访问、动手制作等，培养学生搜集整理信息、动手制作等能力。

启梦管理服务课程建设，是在继承基础上的创新，是实践基础上的创新，充分发挥启梦管理的优势，让新课程改革不断完善和发展，为学生发展、教师发展、学校发展助力。

发挥工会聚心作用，完善启梦管理内涵

教育工会是学校管理的重要组成部分。一方面，充分发挥教育工会凝聚教师的作用，才能使启梦管理的效果更突出，不断丰富完善启梦教育的内涵；另一方面，实施启梦管理，必须重视教育工会的聚心作用，正确认识支持工会团结对学校师生发展的重要意义，这样才能实现管理更有效，工会更聚心。

学校教育工会在学校党组织的大力支持下，落实工会工作计划，积极组织教职工参加校工会组织的各项活动，并结合学校实际，开展了许多有益的文体和教育活动。极大地丰富了教职工的业余生活，增强了学校教职工的凝聚力，有效地促进了学校教育教学工作的开展。

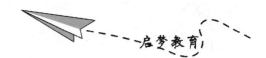

1. 领导重视，组织健全，经费保证。我校党政领导对工会工作十分重视，不仅在方法上给予正确指导，在经费使用上给予大力支持，而且经常亲自参加各种工会活动。学校工会组织健全，分工明确，各负其责，精诚团结，密切合作。

2. 为教职工说话办事，维护他们的合法权益。坚持教代会制度，多次向学校反映情况和为教职工办事，极大地改善了教职工的工作条件和环境；每逢重大节庆日，都要组织集体活动发放奖品；分层组织教职工外出参加实践活动；关心教职工生活，遇教职工及家属生病等，主动联系并与学校党政一班人共同慰问，岁末年初，按时慰问有困难教师及离退休老教师。

3. 积极参与学校民主治理和监督工作。目前，学校各种校务公开已成为制度。工会主席参加学校领导班子会议，参与学校重大决策。通过大家的努力，提高了校务透明度，保证了教职工的主人翁地位和合法权益，增强了凝聚力和战斗力。

4. 开展文体活动，丰富教职工业余生活。

学校支持工会根据季节、节日开展丰富多彩的活动，组织全体教职员工参与。如：三月组织"绳彩飞扬迎三八"活动，营造温馨、和谐的氛围，增强全体教职工的凝聚力和团队精神，强化教师幸福指数，推动学校各项工作蓬勃发展。本次活动全体教职工参与，以"教职工小家"（教研大组）为单位，统一组织。每次活动前我校工会做了积极的准备，购置花样跳绳，做到人手一绳，提前做热身活动。比赛内容：半分钟踢毽小组赛，各组累计总数评选优胜组，同时选出三名跳绳能手。每年四月，如期举行一年一度的教师趣味运动会。运动会比赛分青年组、中年组、老年组，比赛的项目分为 1 分钟踢毽、30 米托球跑、后抛实心球、飞镖、沙包掷准等 7 个个人项目以及"同舟共济"集体项目。比赛场上热闹非凡，参赛选手们个个精神抖擞，奋勇争先，场下笑语连连，充满了和谐友爱的气氛。参与比赛的教职工纷纷表示，比赛重在参与，要在运动中放松心情、体验快乐。经过激烈的角逐产生了各组的前两名。运动会的开展，充分展现了教师们积极向上的精神风貌，增进了友谊，促进了团结，增强了凝聚力，也为教师们今后能更好地工作奠定了

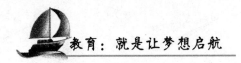

良好的身体基础。

5. 协助学校搞好教职工思想教育工作。大力协助学校党政加强对教职工的思想教育和师德建设工作。在元旦联欢会上学校对各项优秀教师给予了表彰奖励。

工会非常注重加强教师职业道德建设，树立教师良好形象。组织开展了"聚焦正能量，践行师德梦，争做四有好教师"学习实践活动。活动以提高学校教师的职业道德和职业素养为目的，以办人民满意的教育、做人民满意的教师为核心，以"规范教师言行、培养爱岗敬业精神、树立教育新形象"为重点，把"学习、剖析、整改、转变、提高"贯穿活动全过程。通过师德师风专题教育活动，建设一支"有理想信念、有道德情操、有扎实学识、有仁爱之心"的教师队伍，办党和人民满意的教育。此项活动与校风、教风和学风建设相结合，与加强创建和谐校园相结合。校长陈宗禹与教师代表郑重签订师德责任书。

根据我校师德建设考核制度，2016 年 6 月，全体教师根据学校制订的师德自我评价细则，首先进行了自我打分量化。然后，由德育处及教导处分别逐一对每一位教师进行了评价。最后，学校根据评价情况，由师德建设领导小组讨论推荐 3 名教师参加大兴区教育系统 2016 年评优选树活动。

响应上级通知精神，积极组织开展了"春风送暖"，爱心捐款活动。党员干部带头走向捐款箱，带领全体教职工将一张张凝聚爱心的人民币投入捐款箱，全体教师积极响应。大爱无疆，温情永恒。

深入群众，做教师的贴心人。学校无论是教师本人结婚、生子，还是教师儿女结婚，工会都亲自组织教师参加并送上祝福。真挚的关怀为广大教职工解除了后顾之忧，使他们得以全身心地投入到教育教学活动中，把学校的事当作自己的事，积极地以主人翁精神投入到学校管理和建设中，为学校发展作贡献。

深入课堂教学，将听课与指导过程作为与教师交流的平台，通过座谈加深了解，及时发现教师们的思想动态和工作生活中的困难，在做好疏导工作的同时联系协调，妥善解决问题，做教职员工的贴心人。

启梦课程

　　课程是助力学生成长，服务学生发展的重要渠道，是培养学生社会主义核心价值观和核心素养的关键载体。有追求的教师、有质量的课堂、有实效的科研是启梦课程的三个关键因素，启梦教育理念下的课程建设思路是"夯实基础，立足课堂，科研引领，教学相长，创新实践，突出特色"。经过多年实践，基本完善了"以德为首"的有中心、有助力、有基础的"三级二翼一基础"的启梦课程体系，育人方面卓有成效。

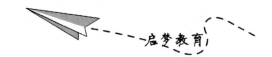

立足教科研，提高教师的育人能力

提升教师的育人能力，是推进启梦教育、全面育人的基础。教师的专业化发展离不开教学实践，教师在教学实践中发现问题，研究思考、积累教学经验、创新教学思路，从而有所得，有所进步。教师专业化发展也离不开有目的的培训和训练，教师在培训中接受方法的指导，在训练中强化能力的提升。为此，学校利用各种形式和渠道促进教师专业化的成长。

1. 在日常教研中促教师教学水平的提升

教学工作是学校的中心工作，而提高教学质量的根本在于教师的教学水平。为了推进学校教师教学水平的全面提高，学校每学期都会组织各类研究课，例如"新教师亮相课"、"骨干引领课"的等一系列展示、观摩活动，范围涉及所有学科，要求教师走班上课，同学科必听，每课必评。教师在展示观摩的过程中取人之长、补己之短，及时发现自身在进行课堂教学时存在的实际问题，经过同教研组老师们的共同研究，创新教学思维，寻求解决办法，再次进行教学实践之后再反思的反复研究过程中，逐步提高自己的课堂教学水平。使研究课的展示观摩活动，真正成为提升教师课堂教学水平的有效途径。

2. 在课题研究中促教师科研能力的提高

目前，学校有近十位教师承担了国家级、市级、区级的各类教科研课题的研究工作。学校科研室对这些课题进行科学、有效的管理，协助课题负责人开展研究工作，在课题研究过程中给予方法的指导，督促课题研究成果的积累。科研室组织各课题组围绕课题开展理论学习、问题研究、教学实践、反思积累，例如语文学科的《"字理规律"在小学低中年级语文识字教学中的运用策略研究》、数学学科的《在小学课堂教学中创设学习情境 提高学科教学有效性的研究》，以及《基于视频案例促进学科教师专业发展的研究》等课题，都是以课堂教学为研究的主阵地，以研修活动的形式开展课题研究。

在各级各类课题开展研究的同时，学校科研室引导各教研组制定了主题

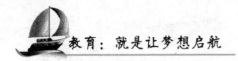

较小的研究专题，各教研组的研究专题要切合本学科、本年级的教学特点，针对教学实践中产生的实际问题进行研究讨论、课堂实践、分析反思、修正方案。执教老师上课，其他教师听课并对研究课进行分析评议，通过对教学细节的分析，深入理解先进的教育理念，深入研究教学策略。课题研究式教学研讨活动，能够不断提高教师的科研能力，能够有效地促使教师把教育科研与具体的教育教学工作有机结合起来，帮助教师掌握教育科研的基本方法，提高教师观察、分析、归纳、表达问题的科研能力，使一批教科研的骨干老师快速成长起来，为学校今后教育科研工作的开展培养了后备力量。

3. 在同伴研修中促教师共同进步

我校共有市区级学科带头人、骨干教师 19 人，区级骨干班主任 4 人，区级骨干辅导员 1 人，区级骨干科技教师 1 人。他们分别在不同的岗位、学科、教研组、课题组发挥着示范作用。为了更好地利用我校骨干教师的优势资源，使青年教师能够更迅速的成长起来，学校搭建了"师徒结对"的平台，市区级骨干教师与青年教师之间建立一对一的帮扶对子，形成学校充实培养骨干教师的良好运行机制，有力的促进了学校教师的专业成长，促进了学校的可持续发展。

为了更好地促进青年教师的全面发展，学校鼓励青年教师建立"研修团队"，每一位青年教师都可以根据自身的需求，向学校有经验、有能力的教师发出邀请，请这些老师成为自己的辅导老师。青年教师在自己的教学实践中遇到不同方面的问题时，可以向不同专长的辅导老师请教，有针对性地解决自己的困惑，并通过"青年教师研修团队记录"积累下来，成为自己专业成长的宝贵经验。

这两项活动以骨干教师的示范引领作用来带动青年教师更快的成长，使青年教师尽快成长为骨干教师，打造三小"骨干教师梯队"，同时营造共同交流研究，相互借鉴学习，共同反思成长的良好研究氛围，提高教师群体的研修水平。

4. 在各级课赛中促教师专业化发展

学校在日常教研中，采取多种形式对教师的各方面能力进行训练、培养。

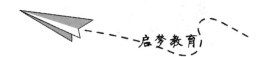

那么如何检验教师的成长状态呢？学校抓住了各级各类教育教学赛事，来检验教师的专业成长情况。

学校以大兴区组织的"卓越杯"、"新星杯"课赛为契机，自主组织"青年教师课堂教学比武"活动以及"学科带头人、骨干教师教学展示"活动，在选拔参加区级比赛教师的同时，检验各梯队教师成长情况。在这样的活动中，我们关注的是教师在活动过程中的表现，从专业知识测试、教学技能考核、现场教学设计、课堂教学展示多方面对教师进行评价。教师们在整个活动中，深入研究教材、广开思路、创新教法，展示出了自己的成长成果。在评价阶段教师运用《大兴区小学学科课堂教学评价方案》评价自己和其他教师的课堂教学，进行现场评课，最后，教研组分组进行研讨交流，提高评课水平和教学反思能力。经过这样的考核推荐出优秀教师参加区级课赛，学校的成绩硕果累累。

"悦"读课程　品读经典　润智导行

校本课程作为"三级课程"的组成部分，它是为保障和促进课程适应不同地区、学校、学生的要求而开展的课程，国家赋予我们学校自行开发校本课程的权力，给学校提供了一次体现自己办学思想和办学理念的机会。学校和教师肩负着课程开发的责任，由此可见，校本课程开发本身就是以教师的专业发展为指向，是教师专业发展的有效途径之一。

校本课程的开发与实施是课程改革的焦点，它对学校的办学宗旨和办学特色，具有鲜明的价值导向。在此前提下，我们结合语文课程标准的具体要求以及阅读书目，开发适合学校实际与学生需要的校本课程及校本教材。在调研过程中，我们深深地体会到，阅读是学习知识的基础，是学生可持续发展的前提。结合我校的现状和师资水平以及家校互动中家长的迫切需求，我们选用了《"悦"读》融入我们的校本课程，使阅读经典成为师生自然的生活状态，为加深师生文化底蕴发挥积极的作用，进行有机的整合，并力求在

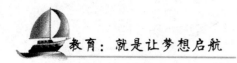

校本研发与实施的过程中，努力提升教师的专业化水平，进而促进校本课程的有效实施。

一、课程的意义在于"悦"读，学生的发展在于书香

苏霍姆林斯基说过："我坚定地相信，少年的自我教育是从读一本好书开始的。只有从人类的道德财富中给自己找到榜样的人，只有希望从这些财富中为自己的心灵汲取最宝贵东西的人，才能达到思想和生活的最高境界。"通过《"悦"读》校本课程的开展，使学生获取更多的知识、陶冶性情、塑造品格，提升了学生的综合素质。

（一）《"悦"读》校本课程的开展，激发了学生对阅读的兴趣

在校本课程实施过程中，通过创设适合学生创造性学习的环境，如，优化文化建设，搭建读书平台：直通车、图书室、网络数字图书、板报、文化墙、图书角、亲子阅读、读书好家庭等途径激发学生的阅读兴趣，使学生在增长见识的同时娱乐身心。

（二）《"悦"读》校本课程的开展，为学生个性发展提供了广阔的空间

扩大孩子的课外阅读面可以使孩子的个性健康、顺利地发展，阅读好的书刊、作品可以陶冶一个人的思想情操，提升一个人的素养和修养，开阔一个人的视野，塑造一个人的个性，使人的心理品质比较健全。而整天埋于题海，不关心世事的孩子其个性往往比较忧郁、孤僻。每个学生都有自己的个性，此项校本课程的开展，扩充孩子的课外阅读量，尊重孩子的个性发展，使每个孩子都有自己最独特的个性，以适应社会发展的需要。

（三）《"悦"读》校本课程的开展，提升了学生思想品德素质

大多数学生都会在自己心中树立一个英雄形象或学习的榜样，而老师、科学家、军人、医生、工程师等这些崇高的职业人士往往会成为他们学习和模仿或崇拜喜欢的对象。相当一部分学生是通过阅读各类书籍认识的，学生在阅读时会潜意识地将自己的思想和行为与书中所描述的人物形象进行比较，无形中提高了自身的思想意识和道德素质，并积极地履行到自身的思想及行为方式上。

（四）《"悦"读》校本课程的开展，提高了学生的语文水平

课外阅读是语文教学的课外拓展和延伸，是课外语文活动中最重要的内容，是课内阅读的继续与扩展，是阅读能力必不可少的重要组成部分。尽管课内阅读对提高小学生的语文水平和获取知识经验所起的作用相当明显，但如果没有课外阅读的辅助，不管课内阅读的效率有多高，都不会收到明显的成效，甚至会造成事倍功半的效果。要训练和培养学生阅读的熟练技巧，形成较强的阅读能力，必须通过有计划的、大量的阅读，以及进行多种阅读方式的训练。

《"悦"读》校本课程的开展，拓宽了学生的视野，丰富了学生的知识，使学生具备较广阔的知识背景和认知能力。由于学生把广泛阅读积累的大量词汇和写作方法迁移并运用到自己的学习与写作中，语文能力便会得到很大程度地提高。正如吕叔湘先生说的一样："语文水平较好的学生你要问他的经验，异口同声说的是得益于课外阅读。"

二、依托校本课程的开发与实施，促进教师专业成长

（一）在总体构思和设想过程中，提高思想认识

高尔基曾经说：读一本好书就是和一个高尚的人谈话，书籍是全世界的营养品。我们知道生活里没有书籍就好象没有阳光，智慧里没有书籍就好象鸟儿没有翅膀。我们也深知，读史使人明智，读诗使人聪慧，学习数学使人精密，物理学使人深刻，伦理学使人高尚，逻辑修辞使人善辩，总之这些都来源于阅读。知识能塑造人的性格，作为基础教育的小学阶段，学生要多读书读好书，使自己成为一个学识渊博、思想活跃、见解独到、气质高雅的新世纪栋梁之才；好读书乐读书，使学生读有所得、读有所成，教师也在"悦"读过程中提升自己。我们通过组织教师认真学习《小学语文课程标准》和课改形势下开设校本课程重要意义，积极探索和建设符合学校校情的、满足学生发展需求的、能展示教师创造才能的校本课程，使之具有基础性、开放性、科学性、实用性，提高广大干部、教师对开发校本课程的意义、目的的认识。

作为从事基础教育的我们，应着眼于提升学生的人文素养，为培养具有创新精神和实践能力的"人"服务。而现如今的学生，课堂之外的生活更多

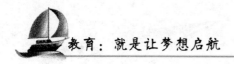

的是电视、电脑、游戏机。多数的孩子处于一种"单独"、"单调"的生活中，他们需要不断丰厚自己的知识积累，从而提高自身的人文修养，以适应未来社会的需要。学生的阅读量远远不够，需要学校和老师帮助学生养成良好的阅读习惯，最大程度拓展学生的阅读量，以获得书的"滋养"，感受文化氛围，陶冶情操。

《"悦"读》作为我校的语文校本课程，全体教师在一起研读课程标准，并找寻大量书籍，通过搜集、筛选和整理，确定了阅读校本的总体构想：识字、阅读、表达，三位一体相伴而行。低中高年级有机衔接，环环相扣，一脉相承。内外结合：课内阅读与课外延伸阅读相结合。通过全面开展"悦"读活动，促进师生共同成长；让学生真正体会到"书香伴童年、书香伴成长"的快乐。

（二）在课程设计和编写过程中，提高研修水平

作为校本课程实施的主导者--教师，其素质的高低直接影响着教育的成败。教师的学习思考能力、创新精神、实践能力、意志品格等都直接影响着学生。我们在课程设计和编写过程中，成立了编写小组，努力使教师自觉扮演课程的建设者与开发者角色，在国家课程、地方课程的基础上，结合学校实际，通过列举、筛选、加工、补充和完善，使校本课程的教学内容更适合学生，增强课堂教学的有效性，最大限度地促进学生的发展，教师的研究水平也有了一定的提升。

另外根据学校的教学条件和当地教师的水平，学校编写小组利用假期带领大家共同研讨、交流，编写课程目标、课程结构、课程内容、课程实施、课程评价、课程管理，同时为方便全体教师参与，编写组在全体教师共同研讨的基础上，设计出"悦"读校本课程的教学设计模板，模板的设计突出其基础性、开放性、科学性、实用性，在研发过程中，开发学生需要的学校课程，增强教学的针对性和实效性，发展学生的个性特长，增强了教师的研究意识和水平。

校本课程的实施打破时空界限，形成开放的课程实施空间，多维度实施。在编写过程中，充分发挥教师的独立性、自主性和创造性，引导学生在实践

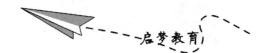

和研究中学习。同时教师也需在以后的实践中不断的修正不足，完善校本课程，在修订的过程中，使之更符合学生的需求，更能促进教师的发展。

（三）在课程实施和评价过程中，提升专业能力

教师的成长离不开教育教学实践，如果抛开实践去谈教师的发展或成长，那就失去了发展的基石和依托。因此教师的发展只能在学校中、在具体的实践中、在对自身实践的不断反思中才能完成。校本课程的实践恰恰为教师的发展提供了一个更广阔的发展空间。

在我们的实践过程中，校本课程教材按学段遵循整体性、自主性、开放性的原则，教师依据课程的总体规划，确定每周一节校本课程的内容、方式，以及需要拓展的阅读书目，内容的选择遵循趣味性、知识性、思想性的原则；形式上采取课内课外相结合，独立阅读与生生互助相结合，课堂教学与集中展示相结合；时间安排上体现集中与分散相结合；教材的来源是：采用自编教材，依据学生的基础、兴趣等进行选读，是一种动态的，同时也依据实践的效果和学生的情况进行适当调整，鼓励阅读方法的创新，引领小学生大量阅读，激发兴趣，培养习惯，丰富知识，增长智慧，为学生的持续发展和终身发展奠定文化基础。具体做法是：基于学生的年龄特点和知识水平，各年级的阅读内容和课题都有所不同，依据阅读要求，我们设立了背诵、诵读、赏析、积累和展示五个板块，五个版块不是孤立存在，而是相互渗透，通过前四个板块实践活动的开展，每学期还要进行年级或校级的展示活动，如"我读书我快乐"、"所读、所感、所乐"、"校本课程展成果"展演活动、读书手抄报展示等，既发挥了教师的才能，也给学生提供了展示自我的平台，调动了教师的积极性，激发了学生的学习兴趣，效果很好。活动过程中我们也关注到学生的个体差异，对不同的学生也会有不同的要求，力争使每个学生在原有水平上有所提高。

注重校本课程的评价，是我们工作的重要一环，也是工作的难点，它直接影响到我们课程的推进和有效实施，因此要着眼于学生的个性发展和能力提高。开展全校师生参与的《"悦"读》校本课程，我们深深地体会到：教师在开发、实施、评价、改进中得到提升，能结合语文课程标准的具体要求

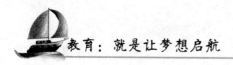
以及阅读书目与课程进行有机的整合，使阅读经典成为师生自然的生活状态，为加深师生文化底蕴发挥积极的作用。同样，通过课程的研究，教师具备了丰厚文化底蕴，进而培养出适合新时代要求的德才兼备的高素质人才，使课程的开展更有利于不断深化学校文化建设内涵，促进师生共同成长，有利于推动构建"书香校园"的进程，引领和促进师生回归传统文化、建设精神家园。因此要从指导思想、课程意识、课程能力、师生参与程度、师生创造性的发挥、学校特色等方面对校本课程进行全面的评价，在评价和改进中提高教师的专业能力。

在《"悦"读》校本课程开发的这个平台上，其特有的课程开发特点会直接为教师提供更多、更深入的了解、学习、内化并运用自己所学知识的机会，根据教材本身的特点和学生的实际需要，合理筛选，确定恰当的课时学习目标，提升语文教师的校本开发的意识和能力，促进教师专业发展。

三、校本课程促进学校特色发展

（一）通过校本课程的开发，可以满足学生的需要，提升教师的专业能力，彰显学校的办学特色。几年来的实践，我校在提升学生人文素养方面进行了一些积极的探索，也取得了一些成绩。但是随着研究的深入，随着社会、家长、学生以及教师的发展，我们越发感觉"文化"积淀的重要性以及发展性，因此大力弘扬优秀传统文化，认真落实《语文课程标准》提出的"培养学生广泛的阅读兴趣，扩大阅读面，增加阅读量，提倡少做题，多读书，好读书，读好书，读整本的书"的要求，为孩子的终身发展，为弘扬发展我国优秀的传统文化做出一些实事。我们积极推进"书香校园"建设，营造良好的课外阅读氛围，引领小学生大量阅读，激发兴趣，培养习惯，丰富知识，增长智慧，努力为学生的持续发展和终身发展奠定文化基础。

（二）基于学校，联系社区，以教师为主体，实现多方力量的协商对话。将课程开发、实施、评价融入同一过程之中，完善校本课程开发的保障系统，以校本课程的开发实施促进学校更新。在共建课程文化的过程中推动学校的更新，以特色课程的实施为轴心彰显学校特色。

（三）充分利用北京市中小学生数字图书馆网站资源，积极参与各种读

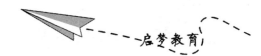
书征文活动。几年来我校在此项征文活动中获得了丰硕的成果，学生获奖 200 多篇，教师获奖 100 多篇。

校本课程的开发，我们收获成功的快乐。我们始终坚信，风雨过后定能见彩虹。只要我们坚持不懈地走下去，我们的课程将会因不断调整而日趋完善，我们的学校将会因特色突显而日臻完美，我们的师生将会因不懈追求而日益飞扬。

名师工程立名师　"四子工程"创品牌

为了不断丰富教师角色的现代内涵，促进教师角色的转变，进一步提高教师教育教学水平，从而提高学校的办学品位，学校确定了"以更新观念为前提，以激活教学管理为保证，以深化课堂教学改革为重点"的工作思路，多措并举，立名师，创品牌，树形象。

立名师，创名校——实施名师工程

为推进启梦教育，我校制定了"品牌战略""特色战略""科研兴校战略"，进一步提高教师教育教学水平。经学校领导班子研究，教代会讨论通过了《三小"名师工程"实施办法》，从建立健全规章制度抓起，从班子队伍和青年教师队伍抓起，从建立区级科研课题抓起，为促进学校可持续发展，实施我校名师工程，创设名师战略目标即：区级骨干教师、学科带头人、市级骨干以上称号的教师达到教学总人数的 40%。

学校"名师工程"旨在促进教法创新，培养典型，充分发挥学科教学示范作用，提高教育教学质量，能够涌现出更多的名师，使已成为区级名师的教师向市级、国家级更高的目标进军。"名师工程"的重头戏是评定校级骨干教师。校级骨干教师评定内容包括，理论卷面考察、编写教案、学科单项技能、现场教学、撰写论文及论文答辩等，评定办法要求教师全员参加，共进行 4 轮，每轮按 30% 的比例淘汰，评定领导小组由区教研员和学校领导组成，本着公正、公开、公平的原则，有一定的权威性。在评定过程中，广大

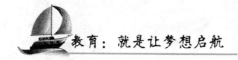

教师认真学习，刻苦钻研，不甘落后。为发挥我校电化教育优势，我们要求教师现场教学部分必须运用现代化教育手段，突出重点，化解难点。随着第一批校级骨干教师的产生，极大调动了教师工作积极性，对优化教师队伍素质起到了积极的促进作用，得到了教委有关领导和区教研室领导的高度赞扬。在相关部门的支持帮助下，我们评定出校级骨干教师，迈开由"身份管理"向"岗位管理"转变的步伐，为实施"评聘分离""公平竞争""择优聘用"打下良好的基础，促使广大教师快速适应新形势的发展。

校级骨干教师优先进行岗位聘任，优先参加上一级的评优、竞赛活动，优先参加上一级骨干教师的培训。每学期做一节示范课，课后进行说课，能承担本学科教科研课题，每学期交一篇高水平的教科研论文，能承担区级以上教研任务。此后，校级骨干教师一年评定一次，同时在评定过程中对上一届的骨干教师进行重新考核评定，考核合格后继续认定。《三小"名师工程"实施办法》开始颁布实施后，对促进学校可持续发展起到了重要作用。

树形象，创品牌——实施"四子"工程

"四子"，即专家会诊"开方子"，对外展示"搭台子"，科研兴校"引路子"，优秀苗子"压担子"。

1. 专家会诊"开方子"

在区教研室的帮助下，我们先后聘请了市教研部的特级教师王玲，品德教研员胡玲、数学教研员张义华为我校教师听课说课评课，从理论与实践的结合上，从课程改革上帮助教师提高教学水平。我们还多次聘请市电教馆的赵宝和主任、张志纯主任到我校指导电教工作和教育科研工作，使我校把现代教育技术与教育教学很好地整合在一起，促进学校的发展。

2. 对外展示"搭台子"

学校与区教研室争取，只要有全区性的教研活动，都可安排在三小举行，学校竭诚提供各种服务。今年在我校进行的全区示范课、研究课、评优课共80余节，大型会议5次，这样更多地将大型竞技舞台搭建于校内，教师们参与期间，获益颇多。学校为塑造良好的社会形象，把竞技舞台展示给家长，定期分年级举办家长开放课，让教师经受锤炼，发现不足，及时弥补。一个

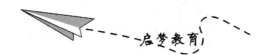
学期，我校先后 6 次进行家长开放课，教师共作课 18 节，课程涉及语文、数学、英语、音乐、品社、美术等，家长参与人数达 700 余人。通过"搭台子"，教师们开阔了视野、练就了本领、找到了更高的奋斗目标。

3. 科研兴校"引路子"

教育教学实践使我们懂得，教育科学研究是学校发展和提高的内在动力。在信息技术迅猛发展的今天，人们应对在未来世界中如何获取知识的问题进行全面的思考。信息技术的发展，大大增加了学生多渠道、多方位、寻找信息，获取知识，培养创新意识的可能性。交互设备和多媒体网络技术向学生提供了取之不尽的信息宝库，我们经过反复论证力求通过对《运用信息技术优化学生学习过程的研究》这一课题，研究基础教育阶段的学生应如何充分利用信息技术不断提高自身的综合素质。目前，校内设立了多个课题组，做到了人人有课题，初步形成了课题网。

4. 推选优秀苗子"压担子"

学校放手使用潜能、有发展前途的教师，让他们在教育教学第一线挑起重担，增长才干。学校中层干部、教研组长、骨干教师中，青年教师占 35% 以上，网络课怎么上？骨干教师先实践，摸索出教学模式；新的教学软件安装上了，青年教师边钻边学边用，技不压身，有压力才有动力，有动力才能使潜能得到有效发挥，才能有所成就，从而创出品牌，创出特色。

完善教师评价体系，促进启梦课程建设

教师评价作为教育质量评价的重要组成部分，在提高教育质量，促进学生全面和谐地发展过程中，正在发挥着越来越大的作用。建设一支具有良好政治业务素质，结构合理，相对稳定的教师队伍是教育改革和发展的根本大计。教师素质的全面提高，是全面贯彻教育方针、全面提高教育质量的最关键的因素，最核心的问题，是工作中的重中之重。

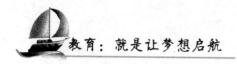

1. 总体思路

根据国家对教师的要求和教师工作特点，运用可行的方法、技术对教师的德、能、勤、绩进行价值评判，从而对教师队伍的管理提供正确依据，为教师改进工作、自我完善服务。我校结合具体工作计划及教师基本功大赛等项工作，制定教师评价方案，使教师对自己的工作职责有一个清楚的认识，以促进学校的教育教学工作，为全面推进素质教育打下基础。

2. 明确教师评价的意义

（1）通过教师评价，可以对教师进行选拔及资格认定，并了解教师在思想修养、师德、业务能力等方面是否符合基本要求。

（2）通过教师评价，可以有效地考核教师履行职责情况，教师是否完成了规定的教育教学工作，对工作质量可以作出符合实际的判断。

（3）通过教师评价，对教师的工作状况作出比较，为确定先进与落后，优秀与差劣提供材料，可以使教师评价工作有更加科学的标准。

（4）通过教师评价，有助于改进教育教学工作，端正教师的教育思想，树立素质教育观念及正确的质量观、学生观。

（5）通过教师评价，了解教师队伍的状况，对教师培训、管理、教研、科研等方面提供信息，为管理提供依据。

3. 评价内容及评价标准

对教师的评价内容主要从教师的德、能、勤、绩四个方面来考察，依据《中小学教师考核指标体系》的权重系数及我校的具体工作安排确定各个方面的分值配置，根据单项得分，进行综合评定，作为学年考核评优的依据。

（1）教师的职业道德

①参加政治学习

教师要积极参加政治学习，按时到会，不迟到，不早退，中间不离会，认真听会并记学习笔记，有事请假，如缺会，要及时补齐相应的学习笔记。

②职业道德。教师的职业是教书育人，教师的道德是社会对教师在工作中的道德行为要求。以此规范教师的行为，我们应该懂得：教师的职业道德具有自觉性，教师应做到尊重学生，关心热爱每一个学生，在教育学生的过

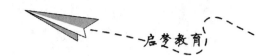

程中，公平对待学生并尊重学生的人格。坚决杜绝体罚和变相体罚现象，或用语言污辱学生的现象。

③对学生进行安全教育。全体教师加强对学生进行安全教育，教师要有一定的记录，能及时发现和消除安全隐患，确保师生安全。

④做好学生的评价工作。形成性评价，以积极的态度正确引导学生进行评价，使学生形成良好的行为习惯。成绩评定要客观公正，各学科按等级评定，评语要突出学生特点，能体现出激励作用，语言流畅、用词恰当。

（2）教师出勤

①严格遵守学校的作息制度，有事有病要及时请假，经允许方可休假，上班时要及时销假。

②不得随意迟到、早退，有事外出要请假，如不请假一经发现按迟到、早退扣去相应分值。

（3）教育教学能力

①班级各项活动

品德教育：教师要明确自己的职责，真正做到教书育人。教师根据学校德育工作计划及所教学生的年龄特点，确立相应的德育目标，能在教育教学过程中加以实施。

班队会活动：认真开好每一次班队会，主题选择切合实际，内容丰富多彩，形式多样。

班级管理：对学生的日常政治思想工作、后进生转化工作、班级创建文明班风、尊师守纪、文明礼貌、团结友爱等方面的教育情况良好，师生关系融洽，与家长联系密切，学生学习积极性高，兴趣浓厚，路队好。

组织学生参加活动及竞赛：有关教师要给予辅导，充分发挥教师自己的优势，广泛培养学生兴趣，发展学生的特长，推进素质教育的开展。

②教学工作

教学工作是学校的中心工作，对教师的教学工作评价是优化教学过程和教师队伍、提高教学质量的重要环节，对教学工作的评价可分为以下几方面的内容：

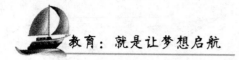
制定本学科的教学计划：以教材为中心，按教学大纲的要求，认真制定本学科的教学计划，按时上交。

教师备课：教师在掌握大纲的基础上，把握重点、难点，制定出科学、合理的教学目标，教案条理清楚，能注意知识间的联系，充分体现教法和学法，体现学生的年龄特点。对知识规律、课堂小结，教师归纳时要字斟句酌，简明扼要、通俗易懂。课后及时小结，课中出现的问题小结中要有体现。教案全，符合规范要求双基目标恰当，有培养能力措施，有发展智力安排。

教师上课：课堂评价包括教学目标、教学内容、教学组织、教学方法、教学基本功、教学效果六个方面，按学科课堂教学评价进行评分。在课堂教学中，教师要勇于开拓创新，争创佳绩，对在课堂教改上有突出表现的给予适当鼓励，保证教学过程中无知识性错误。

教师基本功：分阶段进行基本功竞赛。1.课堂教学能力竞赛。全校每位任课教师上一节课，按要求从分析教材、编写教案、运用教学语言、设计教学板书、应用现代化教学技术等对每位教师的课堂教学进行评价。2.基础知识和基本技能竞赛。基础知识包括：《北京市中小学学科教学文件汇编》和教学大纲。基本技能包括简笔画、粉笔字、普通话水平、学科单项技能。

教师演讲：以普通话话题谈话练习10个专题抽签定题，三分钟即兴讲演，要求做到准确（语音标准，吐字清晰；词汇、语法合乎规范，没有语病；内容正确，中心突出）自然流畅（语流通畅，前后连贯；语意完整句式简洁；口语化，贴近生活）清晰（语脉清晰，层次井然；逻辑性强，不颠三倒四）、生动得体（语调自然，音量适度，语速恰当，有节奏感；语汇丰富，句式多变，表达方法多样，有感染力；表达有分寸，根据表达的内容、环境对象的不同，恰如其分地选择词语的表达方式）。

学生作业：以抽查为主。教师批改学生作业，只使用"√"或"\"不得出现"×"；及时批改、复批并注明书写正确、日期，有具体指导，作业量适当，针对性强，有鼓励性的语言。

教学效果：学生能掌握所教双基，并受到学习方法、能力、智力的训练和培养，期末成绩达到上级规定的指标。

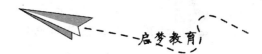

目标检测分析：在教学过程中，严格控制教学进度，按时进行目标检测，将目标检测作为一种检查教学效果的有效手段，教师要认真对待每次的检测，及时进行补标。根据教研室工作布置，每次目标检测后要有书面分析，找出问题和补救措施，不断总结经验，提高自身的教育教学水平。

③组织课外兴趣小组

通过组织丰富多彩的课外兴趣小组活动，可以激发学生的学习兴趣，开拓学生的知识视野，提高学生多方面的素质水平，每一个组织兴趣小组活动的教师做到各负其责，按要求完成相应的任务。

活动计划：各个兴趣活动小组的教师，在每学期初，制定出切实可行的活动计划，上报学校，计划中有明确的活动目的、活动内容、活动目标。

活动过程：有每次活动的记录，能有意识地积累活动资料，依据计划中的内容积极辅导学生，使学生在原有的基础上有一定程度的进步，以培养学生多方面的兴趣。

各兴趣小组根据学校的工作安排，每学期期末进行成果展览。在活动过程中，教师要有多方面的技能，力求具有指导学生课外科技学科、文体、艺术等某项活动和社会实践的较强能力，坚持指导学生课外活动并有一定的成效。

4. 教育教学业绩

（1）学生受到社会表彰：教师积极指导学生参加社会实践、科技、文化等项活动，学科成果获区、市以上奖励，有一个学生加一分。

（2）教师论文发表或论文获奖：教师积极参加教育教学理论的学习，能积极参加教研活动，写论文并获奖，区级获奖加 2 分，市级获奖加 3 分；区级刊物发表加 2 分，市级刊物发表加 3 分。

（3）教学受到上级表彰：科室级奖励加 1 分，区级奖励加 2 分，市级奖励加 3 分。

（4）教科研获奖：区级获奖加 1 分，市级获奖加 2 分，发表加 1 分。

（5）教改获奖：区级获奖加 1 分，市级获奖加 3 分。

教师工作质量综合评价，每学期末进行一次。由考评小组的工作人员按

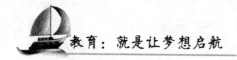

学校工作安排、各项工作的评价指标收集有关资料，根据第一手资料，按标准评定教师的职业道德、教育教学能力、工作态度及考勤、教育教学业绩的分数，各个指标之和即为教师的学期评价结果，评价结果要告知本人进行认同。

5. 教师评价方案的简要分析

（1）评价的目的

教师评价作为教育质量评价的重要组成部分，对提高教育质量，促进学生全面和谐地发展，将发挥重要作用。通过教师评价，可以对教师选拔及资格认定，了解教师在思想修养、师德、业务能力等方面是否符合基本要求。通过教师评价，可以有效地考核教师履行职责情况，教师是否完成了规定的教育教学工作，对工作质量可以作出符合实际的判断。通过教师评价，对教师的工作状况作出比较，为确定先进与落后，优秀与差劣，提供材料，可以使教师评价工作更加科学标准。通过教师评价，有助于改进教育教学工作，端正教师的教育思想，树立素质教育观念及正确的质量观、学生观。通过教师评价，了解教师队伍的状况，对教师培训、管理、教研、科研等方面提供信息，为管理提供依据。

（2）方案使用过程及效果

结合具体工作计划及教师基本功大赛等项工作，制定教师评价方案，使教师对自己的工作职责有一个清楚的认识，以促进学校的教育教学工作，为全面推进素质教育打下基础。

方案在实施过程中，学校各职能部门每月根据教师的工作情况依照方案对教师予以评价，运用可行的方法、技术对教师的德、能、勤、绩进行价值评判，从而为教师队伍的管理提供正确依据，为教师改进工作、自我完善服务。

在使用过程中，我们根据教委、学校工作计划的执行、落实情况，对评价指标体系中的权重系数，经教代会及时予以调整。

该评价方案在一定程度上调动了教师的积极性，特别是青年教师更加努力提高自身素质，加强自身修养，严格要求自己，努力积极工作，为学校工

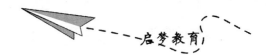

作的全面开展，起了极大的促进作用。

（3）评价结果的使用情况

通过综合评价，学期末，依据指标体系中的各项进行打分量化，根据分值及各部门教师的情况及人数比例，对教师的工作情况进行综合评价，并评出相应的等级。

对评价方案的评价：该评价方案基本上发挥了教育评价的导向功能、激励功能、鉴定功能，能够全面评价教师的各项工作，标准科学，可操作性强。

该评价方案是在全面征求了教师意见、经领导班子认真论证、教代会本着对学校工作认真负责的基础上制定的，评价方案教师认可，因此实施起来比较顺利。

在实施过程中，通过多渠道、多方法，多侧面、多层次地掌握教师的教育教学情况，比较客观地反映了教师的工作业绩，第一手资料详实可靠，从而保证了评价的真实性和可靠性。

开展教育科研，助力启梦教师成长

科研水平是衡量一所学校实力的一个重要标志，更是教师专业发展立足的根本，在师资队伍建设及学校启梦教育发展中具有举足轻重的地位。为了加快科研工作的发展和推进实现我校发展目标，学校高度重视教育科研工作，将科研工作放在学校发展的高度来认识，力求充分调动和发挥全体教师从事科研工作的积极性和主动性，以科研工作推动学校的发展，达成"教学立校、科研兴校、人才强校"的宗旨。

一、"十二五"科研反思与回顾

"十二五"期间内，学校的教科研工作有了长足的发展，秉承"启迪人生梦想，培育创新智慧"的办学理念，在此理念指引下，学校本着"办开放性教育，做专家型校长，当研究型教师，育有能力学生"的办学思想，逐步走出了一条以素质教育为龙头，以科技、艺术教育为两翼，以体育教育为基

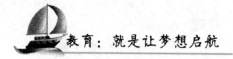

础的特色教育之路。奉行服务学生综合素质提升、服务教师专业化成长、服务学校可持续发展的宗旨，开展了形式多样，内容丰富的各类教研科研活动以及各级各类课题的研究。在研究过程中，学校注重激发教师的参与教科研的热情，在研究方法和研究过程中给与指导和帮助，使各项教研活动取得了良好的效果，各级各类科研课题结出了累累硕果。

（一）科研工作取得的成绩

1. 学科建设得到加强，科研教学互促共进 。根据学校自身发展实际，学校坚持教学工作中心地位不动摇，形成了科学合理的研究模式。教师的专业化发展离不开教学实践：教师在教学实践中发现问题，研究思考、积累教学经验、创新教学思路，从而有所得，有所进步。教师专业化发展也离不开有目的的培训和训练，在培训中接受方法的指导，在训练中强化能力的提升。"十二五"期间，发展并巩固了科研和教学的密切结合，

2. 科研水平跃上新台阶，并取得新突破 。"十二五"期间，我校的科研成果无论是在数量还是在质量上都有了明显进步，科研整体水平跃上一个新台阶。课题结题 6 项，课题研究过程中形成的各类研究成果在国家级、市级、区级各类评比活动中获得奖励，并有十余项优秀研究成果发表在各级各类教育教学刊物上。

3. 课题立项学科不断增加，科研氛围日趋活跃。为营造良好的科研氛围，进一步加大学校教育科研及工作力度，通过邀请有关专家来校讲学和研讨交流，有效地促进了科研工作的开展。学校积极加强与其他学校联系，分别到东北师大院校学习、调研，积极鼓励教师开展科研交流活动。

4. 科研管理体系初步建立。近年来，我们把建立科学合理、运行有序的科研管理体制作为工作的重点来抓。2011 年以来，为了加强科研管理，学院逐步建立健全了各项管理制度和科研奖励制度，认真制订和修订科研管理工作的有关条例和章程，相继出台了《大兴区第三小学教育科研管理制度》、《大兴区第三小学教科研主任职责》、《大兴区第三小学课题负责人职责》、《大兴区第三小学学科课题组长职责》、《大兴区第三小学课题组成员职责》、《大兴区第三小学教育科研管理办法》、《大兴区第三小学科研室的职能作

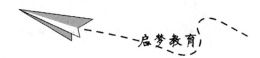

用》等制度、条例。这些制度的建立健全使科研管理工作逐步规范化、制度化、程序化和科学化。学校教科室的工作进一步完善，在审定科研项目立项、督促和指导教师课题研究等方面起到了重要作用。

二、"十三五"科研的思考与行动

（一）指导思想

以"立德树人"思路为引领，以科学发展观为指导，牢固树立"教育科研是教育发展第一生产力"的理念，全面贯彻党的坚持教育科研为深化教育改革服务，为提升素质教育质量服务，为促进教师专业成长服务；不断发挥教育科研对推进教育内涵发展、均衡发展，办人民满意教育的积极作用。本着服务学生全面成长、服务教师能力提升、服务学校可持续发展的原则，以学科建设为龙头，以制度创新为动力，以科学评价为导向，以科研投入为保障，以科研激励机制为手段，加强教科研骨干教师队伍建设，广泛联合、优势互补、内外交流，着力提高创新能力和整体教育科研实力，促进学校教育科研工作突破性发展。

在教育科研工作中坚持学科建设与科研课题相结合，实现人才培养与科研创新相促进；坚持科学研究与教学研究相结合，实现科学研究与教学工作相促进；坚持研究理论学习与科研实践相结合，实现科学研究与科研成果转化利用相促进。

（二）工作目标

1. 总体目标

确立"以教学为中心，以科研为先导"的指导方针和广大教师在科研工作中的核心和主导地位，激励教师开展教育科学研究，并多出成果、出好成果，逐步推进各学科科研课题立项工作。进一步促进科研课题研究与教学实践的有机结合，促进科研成果向教学领域的渗透和应用。着重开展市区及各类课题的立项工作，在教育科研与教学实践的有机结合上培育新的生长点，提高我校教师整体的教育科研能力，提升我校的教育科研的实力。立足为学校的可持续发展服务，夯实教育科研基础，面向科研成果应用，加快科研成果转化，突破科研工作重点，实现学校"十三五"教育科研工作的全面发展。

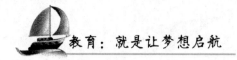

2. 具体目标

（1）开展创建规范化课题研究制度工作，逐步完善我校的教科研管理制度和运行机制。坚持走研究、学习、工作的融合之路，将教师的教科研与教育教学实践行动紧密结合起来，体现教科研的基础性、应用性和实效性，努力创建良好的教育科研工作氛围。

（2）搭建研究平台，加强重点学科课题立项工作及科研梯队的培养。"十三五"期间，学校教科室将课题研究薄弱学科作为工作重点，激励和指导学科教师开展学科课题立项及研究工作。加强科研优势学科的教育科研课题的研究管理工作，利用科学的激励机制促进优秀科研成果的形成。在各项教育科学研究中，注重教师科研能力的培养，在科研课题的选择能力、课题实验方案的制作能力、课题实验的操作能力、实验资料的收集整理和分析研究能力、课堂教学的科学研究能力、科研论文及研究报告的撰写能力等方面进行具体的培养和指导，加强科研梯队的建设。

（3）广辟立项渠道，拓宽研究领域，提高立项的数量和层次。"十三五"期间，力争使科研课题覆盖更多的学科，争取市级、国家级课题的立项课题，增加课题立项数量。

（4）进一步优化教科研方式，提升教育科研在促进教师专业发展、提高教学质量方面的作用。充分发挥学科带头人、骨干教师、名教师的专业引领的作用，鼓励、支持其参与学校教育科研工作，及时发现解决学校工作推进中遇到的突出问题。在教科研方式上要以活动促发展，探索"教、研、训"一体化的教科研工作模式，开展系列的观摩研讨活动、教学基本功和特长竞赛评选活动、以教法、学法研究和课程改革为主要内容的专业培训等经常性的活动提升教研工作实效。到"十三五"末，争取全校教师的专业发展水平和教学能力有明显提高。

（5）完善激励机制，促进科研成果实现重大突破。"十三五"期间，进一步完善激励机制，充分调动全体教师从事教育科学研究的积极性，鼓励多出成果、出优秀成果。力争促进各研究课题成果的获奖的提高，促进教师研究成果的发表数量的增加。

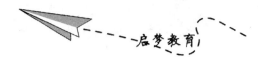

（6）保证科研经费争取额度，加大科研经费投入力度。"十三五"期间，努力为学校争取各级各类科研经费，同时，学校将逐步增加科研经费投入，不断改善科研条件，大幅度提高对教育科研工作的支持力度。

（三）主要举措

为了实现"十三五"科研工作的奋斗目标，我们将采取如下措施：

1. 加强科研在学校整体工作中的先导地位，积极推进科研与教学的有机渗透，促进科学研究工作的协调发展。加强和改进科研工作的政策研究，积极推进科研与教学的有机渗透，稳定、培养和造就一支具有创新意识和较高水平的学科带头人和师资队伍，以确保学校科研工作的积极性和自觉性。

2. 加强科研对学科建设的促进作用，积极为一线教师搭建科研创新平台。在科研课题的选择上，要从本学科专业的长远发展出发，选择有利于巩固和拓展学科专业领域、有利于形成学科特色、有利于促进学科可持续发展的研究课题，发挥科研在促进教学质量提高方面的作用，锻造科研队伍，促进教科研的建设和发展。一方面，根据我校的实际情况，集中力量先促进一两个优秀科研课题的形成，使其真正起到良好的示范作用，带动、促进学校教科研工作水平迈上新台阶；另一方面，在争创优秀课题的同时，对那些有科研发展意识的教师，有意识的进行培育，争取使其尽快进入教育科研骨干教师行列。

3. 充分发挥广大教师的聪明才智，调动一切积极因素，有目标、分步骤地提升我校各个学科的研究水平。学校将坚持重点扶持与协调发展并重、发挥个人积极性与鼓励合作研究并重的原则，调动一切积极因素，有目标、分步骤地提升我校各学科专业的科研整体水平和实力。在总结以往科研课题管理经验的基础上，进一步做好选题论证、研究指导、成果形成等工作。加强组织协调，积极推进跨学科的综合研究；在强调项目负责人领导作用的同时，注意课题组成员的分工合作；为确保我校高质量课题的申请数量，协助教师做好各级科研项目的申报工作；进一步加大对各级各类课题的管理力度；逐步建立和完善评估、评价和监督体系，保证立项课题顺利完成。

4. 积极开展教学研究与科研工作的有机整合，以"教"促"研"、以"研"

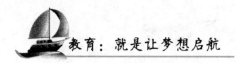

助"教"。在教学实践中进行科学研究的同时，促进科研成果在教学实践中的应用。教育科学研究要立足于教学实践，才能使科研具有生命力，才能真正提高教师的科研能力；同时科研成果能够应用于教学实践并指导教学实践，促进教学质量的提高，才体现了科研成果的价值。

5. 建立健全科研管理制度，为科学研究工作提供组织保障。 把建立科学合理、运行有序的科研管理体制作为工作的重点之一来抓，逐步建立健全的各项管理制度和科研奖励制度，认真制订和修订科研管理工作的有关条例和章程，使科研管理工作逐步规范化、制度化、程序化和科学化。进一步完善学校教科室的管理机制，充分学校教科室在选题立项、课题管理、成果收集等方面的重要作用。

启梦教育学科实践活动课程设计思路

一、指导思想

启梦教育旨在启迪学生梦想，服务学生未来。启梦教育理念下的学科实践课程要以《北京市中小学培育和践行社会主义核心价值观实施意见》《北京市基础教育部分学科教学改进意见》精神以及北京市义务教育新《课程计划》为指导，落实"中小学校各学科平均应有不低于 10%的课时用于开展校内外综合实践活动课程"总要求。在学科实践活动课程开发中，以学生发展为核心，以培养创新精神与实践能力为目标，充分利用学校特色以及丰富的资源，努力使学校发展、教师专业发展、学生个性发展与课程发展共同成长，形成具有启梦教育特色的学科实践活动课程系列。

二、课程设置原则

1. 人本性原则

以促进学生各项基本素质全面发展作为课程设计中心，以整体、优化课程结构观为核心内容，在课程内容选择上以人为本，重视学生的学习需求，尤其重视不同年龄段学生的心理和认知水平，使学生的学习需求得到尊重和

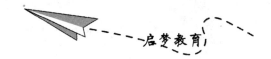

满足。

2. 整体性原则

将学科活动课程列为学校课程的重要组成部分，开发潜在的课程资源，重视隐藏在课内外和校园文化中潜在的课程因素及对学生发展的作用，使学生有较广泛的兴趣爱好和特长。

3. 发展性原则

课程最大价值在于促进学生成才、教师成长、学校发展、社会发展。学校利用自身资源，构筑有本校特色的适合学生发展的学科实践活动课程。

4. 科学性原则

深入系统地学习课程改革理论以及相关文件精神，借鉴外来的有益经验，结合本校实际，实事求是，以科学的精神和严谨的态度，解决遇到的实际问题和困难，调查研究，科学决策，边实验边总结，创造性地开展工作。

5. 统一性原则

课程实施时间统一在每周五下午半天开展，参与组织教师由教导处统一安排，活动过程材料由教导处统一收集整理，期末归档。

三、课程设置目标

（一）践行核心价值观，引领课程建设

结合学校整体课程计划和学生实际情况，在活动中贯穿渗透社会主义核心价值观，着力校内外教育相互融合共通、互为促进，彰显"育人"宗旨和"以生为本"理念，立足教育性、突出实践性、渗透趣味性、体现服务性、确保安全性策略，培养学生的实践能力和创新精神，促进诸育在社会实践中相互渗透，促进书本与实践相结合、动脑与动手相结合，促进学生全面发展和健康成长。

（二）完善学生学习方式，拓展学习时空

1. 树立课程要为学生的身心健康服务的观念，培养学生形成良好的个性品质、人文素养及综合实践能力。

2. 确立学生在课内外学习过程中的主体地位，关注学生通过探究获取的经验，为学生提供多种学习经历的观念，通过形式多样、内容丰富的实践活

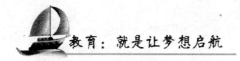

动为学生的兴趣爱好、个性特长发展搭建平台。

3. 关注学生学习的过程，开发拓宽学习渠道，帮助学生在实践过程中体验、感悟、建构并丰富学习经验，同时给予学生自主选择的空间，提高学科兴趣，激发创造力。

4. 倡导自主探究、实践体验、合作交流的学习方式，倡导合理灵活地利用各种课程资源和信息技术进行学习和活动，实现学习方式的多样化，通过多种途径满足学生多样化和个性化发展的需要。

（三）拓宽实践活动内容，促进跨学科整合

1. 重视课程内容的可操作性，确定符合学生实际的，目标具体，多样性的实践活动。

2. 加强各学习领域的合理配置和跨学科的整合。除了相近学科、同一领域的整合外，加强语言、数学、信息、科技、艺术、研究性学习等素养在实践活动课程中的应用及融合。注重三类课程之间有机整合，互相扶持，促进学生形成合理的认知结构。

（四）彰显学校文化特色，形成课程系列

课程文化是学校文化的重要内容之一，是学生全面健康发展，培养多样人才的关键。我校文化建设的核心理念是"启迪人生梦想，培育创新智慧"，在实践活动课程设置中，充分体现这一文化理念，并形成课程系列。我校还是大兴区唯一一所"金帆"和"金鹏"双金校，活动课程的设置力求以特色求发展，让学生在实践活动中锻炼自我，张扬个性，乐学善思，让学校成为学生自由发展的乐园。

四、课程实施保障

（一）建立组织机构，明确岗位职责

建立有效的组织管理网络，明确职责，保障学校课程管理的顺利进行。学校组建以校长为组长，多部门多年级多学科共同参与的组织机构，相互配合，通力合作，注重实效，关注长效。确保启梦教育学科实践课程的有序实施。

1. 教导处

（1）制定课程实施方案和计划，加强课程师资管理，指导各年级组制定活动方案和实施计划。

（2）根据计划安排课程的课时和教学（活动）场所。

（3）加强对每位教师开设课程的指导与测评，对活动过程进行监控。

（4）定期召开课程研讨会，展示优秀教师的成功经验、学生的学习成果，解决存在的问题，及时总结课程的实施情况。

2. 教研组、班主任和任课教师

（1）根据学校学科实践活动课程计划，进行集体备课，提前做好活动方案及相关准备工作。

（2）按时到岗，认真组织学生实践活动，确保学生安全有序有效开展活动。

（3）随时收集和整理学生活动资料，指导学生保存好档案袋，期末归档。

（二）完善管理制度，加强常规检查

建立相关管理制度，主要包括：教师岗位职责、课程评价、激励制度等。学校各类人员要严格执行各项管理制度，领导班子定期检查制度的执行情况，确保课程有效实施。

五、课程评价方法

以发展性评价为引导，建立、完善以教师、学生为主的发展评价指标体系，实现课程的目标。

（一）学生评价

1.关注学生过程性评价

2.建立学生活动档案。

（二）教师评价

1.重视教育行为、态度和工作质量的评价。

2.重视教师对自我的管理和评价，强化教师的反思意识和行为。

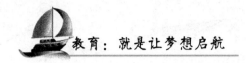

扎实实施课堂常规
着力创新课程改革

教育教学质量是衡量启梦教育育人效果的关键，是学校内涵建设的重要驱动器，是学校生存和发展的生命线，是评价学校办学水平的重要指标之一。学校秉承"启迪人生梦想，培育创新智慧"的办学理念，以立德树人为根本任务，培育和践行社会主义核心价值观；以办人民满意的教育为宗旨，规范办学行为提高教育教学质量；以提升学校教育品质为目标，深化教育教学改革，强化学校内涵发展。

一、常规工作——扎实性实施

为了确保课堂教学质量，学校扎扎实实地行三级质量管理网络（学校-教导处-年级组），加强对教学质量的监控。

1. **规范备课管理**。要求教师最少提前备好超周课教案，认真及时写好反思。学校不定期进行检查，督促每一位教师切实做好本职工作，并在期中、期末组织两次全面检查。在每次检查中，我们欣慰地发现教师们都能认真撰写教案，及时做好教后反思，为有效地提高课堂教学质量提供了强有力的保证。

2. **合理作业布置**。每位任课教师根据本年段学生的特点，布置适量的作业，减少机械、重复的抄写作业，更好的保护了学生的学习积极性，充分激发学生的学习兴趣，让学生在轻松愉快的学习氛围增长才智。

3. **重视习惯培养**。学校高度重视学生学习态度、学习方法和学习习惯等培养，特别重视学生自主学习能力的培养，让学生真正学会学习。

4. **强化薄弱学科管理**。加强了学科教学质量的管理，领导班子有计划的听指导课、推门课，跟踪课，依据《大兴区教学评价标准》对课堂教学进行有效评价与指导。同时对教师课堂教学情况和作业批改情况进行抽查。并及时反馈，以便教师们取长补短，共同提高。

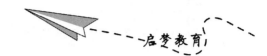

5. **做好教学质量监控。**领导班子深入课堂，对教师课堂教学展开集体会诊，提高教师课堂教学能力，规范课堂教学常规。

6. **发挥教研组作用。**按学校规定各教研组每周至少集体备课一次。集体备课时，老师们可针对教学内容的重点、难点及教学策略等，展开讨论。新老教师积极参与，集思广益，个人素质得到充分的展现与提高。

2016 年，学校接受了大兴区教育委员会督导组对"培育和践行社会主义核心价值观"和"课外活动计划"两项工作的实施情况专项督导。督导评估组通过随堂听课、学生座谈会、教师访谈、查阅档案、实地察看校园班级文化等形式，对学校培育和践行社会主义核心价值观工作、课外一小时行动计划两项工作的落实情况和实施成效进行了全面督导与考察。在各项督导考察结束后，督导评估小组对学校两项工作给予充分肯定，认为学校高度重视并多举措开展好培育和践行核心价值观、课外一小时行动计划两项工作，充分利用学科及校本课程、社会大课堂及周边资源等开展各种实践体验活动。学校各项教育教学管理制度健全规范，脚踏实地、注重传承、成绩突出、形成品牌。学校以本次专项督导为契机，针对督导组的反馈意见，制定整改措施，使学校各项管理工作更加规范化。

二、课程改革——创新性实施

1. **扎实推进学科实验项目。**学校认真领会课改要求，立足师生的全面发展与成长，将 10%学科实践活动与学生实际需求相结合、与德育工作相结合、与文化节主题活动相结合、与课外一小时活动相结合、与学校特色发展相结合，科学制定课程计划，充分发挥了课程整体育人功能。学校以培养学生核心素养，构建生态课堂的理念开展各学科实践活动，以促进学生全面发展为目标，不断提升教育教学质量。在开展了英语学科"趣味绘本，温暖阅读"、语文学科"漫游语文世界，体验实践乐趣"等单学科实践活动基础上，尝试实验语文、美术、品社、体育等多学科跨学科实践活动，探索跨学科实践活动的新思路和方法，增强学科实践活动的实效性，提高学生的综合素质。 通过走进大皮营学生实践基地、参观北京植物园、"走进麋鹿苑，亲近大自然"等学科实践活动，开展了有趣的社会实践课程，让孩子学到了课本以外的知

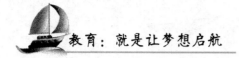

识，在学习的过程中锻炼了学生的动手能力、同学互相合作的能力。

2. **构建生态课堂，推进课程改革**。为进一步提高我校教师的课堂教学水平，不断推进课程改革，更好的打造"快乐、平等、尊重、宽容、体现批判性思维"的生态课堂，提高课堂教学实效性，学校邀请区小学教研室柏东河主任来校进行了主题为"转变教育观念，构建生态课堂"专题培训。这次培训使老师们从生态课堂的背景、起源、定义、基本要素以及生态课堂的构建等方面有了深刻的认识和理解，使得我们在教学工作中能够以新的课程改革理念为指引，以学生发展为核心，逐步探索构建生态课堂的新思路和新方法，为学生核心素养的培养助力。

3. **积极开展学段衔接研究工作**。为了加强学校与幼儿园的友好合作，使校与园之间的衔接教育教研工作得到良好的开展，开学初，学校迎来大兴二幼的师生走进三小，走进精彩的课堂、参观美丽的校园，让幼儿感受和了解小学生活，聆听教师讲课，观看学生课堂展示，感受小学生活的乐趣。幼儿们了解到了小学学习内容，熟悉了小学的生活环境，为进入小学学习打下了基础。

为了做好中小学段衔接工作，六年级学生在完成学校毕业课程的基础上，学校组织相关学科教师设计了布置给小学毕业生的暑期作业，以动手操作、社会实践等形式，帮助学生利用假期时间熟悉和适应即将开始的初中生活。

4. **传承传统文化，创建书香校园**。学校举行了第七届"好书伴我成长"亲子诵读比赛，共有二十多个家庭参加了此次活动。诵读比赛以"亲子活动"的形式进行，由孩子和家长共同参加。此次活动是大兴三小创建书香校园系列活动之一。活动旨在弘扬中华民族的传统文化，创设良好亲子阅读、互动氛围的同时，感受传统文化的博大精深，体味传统文化丰富的人文内涵，丰富孩子的课余生活，提升现代家庭的文化品味。这次活动激发了家长诵读中华优秀文化的热情，使书香校园建设迈上了一个新台阶。

5. **体育活动异彩纷呈**。为了能够使更多的同学感受到足球的魅力，推动校园足球的蓬勃开展，大兴三小举行了第一届"梦想杯"足球赛。各班同学团结协作，努力拼搏，赛出了能力和水平，为班级增光添彩。校园足球活动

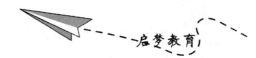

的开展是以增强学生体质，培养青少年拼搏进取、团结协作的体育精神为宗旨，是一项世界性的运动，也是最具有影响力的体育活动。足球是我校近几年开展的一项体育特色教育，目的是为同学们开辟运动、健康、快乐、成长的又一途径。

学校每年的春季田径运动会设置广播操比赛、径赛和田赛三个大项。在比赛过程中，运动员们充分发扬了"团结拼搏、文明参赛"的风格，本着"友谊第一、比赛第二"的原则，赛出了风格、赛出了成绩、赛出了水平。长期以来我校领导高度重视学生身体素质的提高，积极响应上级号召，以"我运动、我健康、我快乐"为主题，积极开展阳光体育活动，坚持每天锻炼一小时，狠抓大课间活动，培养学生的运动技能，全面提高学生身体素质。通过本次运动会的举办，充分展示了学校"阳光体育运动"的有效落实，进一步引导广大学生积极参与体育锻炼、热爱生命、关注身体健康、勤奋学习、使广大学生的德、智、体得到全面发展，使学校的素质教育真正落在实处。

数独社团是新成立的社团，参加了 5 月的北京市中小学数独比赛，荣获了北京市乙组团体优秀奖的好成绩，并有多名同学获奖。荣誉的获得凝聚了老师和同学们的汗水和努力，同时也将进一步促使大兴三小努力坚持"阳光体育"和"全面发展"的精神理念，推动学生全面素质教育的提升。

体育是启梦教育的基础

多年以来，学校在"启迪人生梦想，培育创新智慧"办学理念的引领下，逐步走出了一条以素质教育为龙头，以科技、艺术教育为两翼，以体育教育为基础的"启梦教育"之路。学校始终把增强学生体质健康作为学校教育的基本目标之一，充分发挥体育教育在深化教育改革，全面推进素质教育中的作用，将其作为学校教育工作中的重要内容常抓不懈。学校坚持"健康第一"的教育理念，认真落实体育工作条例，大力开展阳光体育运动，学校体育工作取得了突出成绩，被评为大兴区体育传统校。

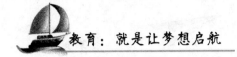

一、重视体育工作，加强组织管理

学校认真贯彻落实《中共中央国务院加强青少年体育 增强青少年体质的意见》，《北京市普通中小学基本办学条件标准》、《学校体育卫生工作条例》，围绕加强学生体育，增强学生体质，认真做好学校体育工作，推动了学校的建设与发展。

1. 成立领导小组，明确职责、管理到位

我校领导十分重视体育工作，成立了以校长任组长，分管校长、德育主任、教导主任、总务主任、大队辅导员及体育教师为成员的体育工作领导小组，统筹协调，明确职责，落实分工，形成齐抓共管学校体育工作的合力。学校将体育纳入学校整体工作计划之中，学期初在行政会议上听取体育工作计划，并予以审议，做到内容详实，任务明确、重点突出，思路清晰、实施到位，学期结束听取体育工作总结汇报。学校定期开展研究、检查和考核，解决学校体育工作中的重要问题。学校建立校园意外伤害事故的应急管理机制，制定和实施体育安全管理工作方案，明确责任人，落实责任制。

2. 领导高度重视，走进课堂、落实规定

学校积极开展领导干部集体会诊课堂、教导处跟进指导的听课检查调研活动，每学期校长听体育课不少于 4 节，分管校长不少于 6 节。在听课过程中，鼓励教师创新教学方法，严格落实国家体育与健康课时规定，继续倡导体育教师和班主任沟通，布置具有三小特色的"体育作业"，切实减轻了学生过重的课业负担。

二、规范教学常规，落实工作要求

学校在开齐开足课时、不随意挤占体育课的基础上做了如下工作：

1. 注重课堂教学，提高课堂实效

我校按国家规定，义务教育阶段1—2年级体育课每周4课时，3—6年级体育与健康课每周 3 课时，没有随便占用体育课现象。为提高体育课教学质量，学校加强了对体育课教学的管理和研究。加强体育教学常规管理，规范体育教师备课、上课等教学环节的要求，体育与健康课程教学计划、单元计划、课时计划齐全。体育教师依据课程标准组织体育教学，完成教学任务。

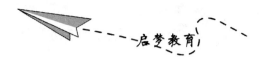

在课堂教学实效性方面，学校组织教师不断加强教学研究，注重学习方式和教学方式的改革，提高教学效果。

2. 扎实大课间活动，提升活动效果

我校积极开展"阳光体育一小时"活动，学期初制订阳光体育运动工作方案，将校园体育活动时间和内容纳入教学计划，列入课表，严格实施，做到"定时间、定人员、定内容、定责任"。学校每天上午安排大课间体育活动，在没有体育课的当天，由教师统一组织学生进行一小时集体体育锻炼并列入教学计划，确保每天一小时的体育活动时间，内容丰富，落实到位。结合学生课外一小时活动，开展体育、艺术 2+1 项目，有 85%以上的学生掌握了跳绳、武术等 2 项日常锻炼的体育技能。同时学校还利用集会、班会、板报、红领巾广播站等对学生进行长期的体育安全教育，创造了一个平安的氛围，让学生体质得到健康的发展。

3. 定期开展活动，保障全员参与

学校定期开展全员性体育活动，每年春季和秋季举行田径运动会，组织队列广播操、体育单项赛等。学校还成立田径队，安排专人负责，制定训练计划，坚持常年训练，训练中做到"四个衔接"，即：训练层次衔接，训练项目衔接，训练年级衔接，训练与竞赛衔接。营造了人人参与，个个锻炼的氛围，切实增进了学生的身心健康。

4. 加强社团训练，积极参加比赛

（1）田径队的训练是我校多年来一直坚持的并卓有成效的活动之一。在训练过程中努力做好学生家长和老师的工作，使家长能够让学生训练，使学生能够安心训练，尽量做到学习训练两不误。在体育组全体同仁的共同努力下，我校田径队连续 10 年进入区运会直属团体总分前三名。

（2）加强校园足球训练。我校在组建大兴三小女子足球队基础上，又成立了男子足球队，队员共有 30 余人，主要来自二、三年级的小学生。这些队员每周三和周五下午活动两次，学校为他们聘请了专业教练进行培训。足球队的孩子们在训练中表现出了不怕吃苦，勇于挑战自我的精神。

（3）学校花样跳绳社团，在杨洪祥老师和尹教练的精心训练下，在取得

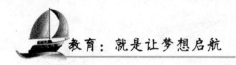

北京市花样跳绳一等奖好成绩的基础上，2016年10月底受邀参加了北京市关工委组织的学生趣味体育展示活动，学生们精彩的表演和精湛的技艺，获得了一致好评。

（4）学校组建健美操社团，孩子们在田甜老师带领下，每天坚持刻苦训练，获得了市级比赛三等奖，大兴区比赛团体第二名的好成绩。

三、重视体育投入，保障体育工作实施

我校领导十分重视体育工作，把它作为学校工作的一件大事来抓，对于学校举行和参加的重大体育活动，都会在行政会议上予以协调安排，给予人力、物力、时间上的保证；同时把学生体质提高作为专项，专门召开班子会议、部门会议和全体教师会；学校的高度重视还体现在对体育设施与活动的投入上，使学校体育教学条件得到了进一步的改善。各层别的体育工作会和体育经费的投入，使得广大教师充分认识到学生身心健康的重要性，认识到体育工作不仅仅是为了获奖，不仅仅是为了完成教学任务，更主要的是要站在促进学生身心健康的高度来做，在统一认识的基础上学校全体教师明确了工作目标与方法。有了这样的认识，全体教师形成了合力，无论课间操、课间活动，班主任教师、科任教师；体育部门、德育部门、教学部门等各层别教师都参与到管理中来，学校形成了齐抓共管共促进的良好局面。

学校的体育工作提升，重在体育教师的能力提升。针对学校体育教师现状，我们不仅从规范抓起，更积极给体育教师搭台子，拓展视野、锻炼能力，不断提高素养。学校督促体育教师积极参加市区教研、培训活动，并积极组织体育教师开展集体备课以及校本研修活动。不少老师撰写的体育工作论文在中国学校体育科学大会论文评选中，获得一等奖和二等奖。

四、认真完成学生体质健康测试工作，促进学生健康成长

1. 建立体质健康监测制度

全面实施《国家学生体质健康标准》，测试成绩纳入学生综合素质评价内容中，根据《国家学生体质健康标准》，定期对在校学生进行体质测试，并按国家要求上报《国家学生体质健康标准》测试数据。

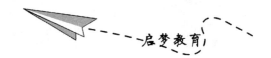

2. 学生体质健康测试成绩

我校积极做好《国家学生体质健康标准》测试和数据上报工作。为提高学生身体素质，体育组认真制定实施方案，并带领学生进行系统训练。在今年的学生体质健康标准测试中，我校学生及格率达 95% 以上，良好率达 40% 以上。

大兴三小的体育工作在各级领导的大力支持下，顺利开展、卓有成效。我们将进一步提高教师整体素质，不断加强体育教学工作，让我校体育工作向更高的目标迈进，在全面提高学生身体素质基础上，继续开创大兴三小启梦教育体育工作的新局面。

附：大兴三小 2017 年校园体育节活动方案

一、指导思想

以"面向全体学生，人人参与，健康第一"为宗旨，认真贯彻落实国务院办公厅《关于强化学校体育促进学生身心健康全面发展的意见》《国家学生体质健康标准》《学校体育工作条例》等相关文件的要求，结合学校启梦教育"快乐体育，终身体育，创意体育"的体育教育理念，开展第五届校园体育节活动，不断推进素质教育，丰富学校内涵，提升办学品位，强化办学特色。

二、活动目的

1. 提高学生身体素质，促进学生全面发展，引导学生树立健康第一的思想以及终生锻炼的意识和习惯。

2. 培养学生合作、自信、果断、公平竞争及团队精神等良好品质。

3. 发展学生个性特长，促进学生在身体、心理及社会适应能力等方面健康和谐发展。

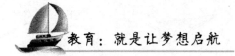

4. 提高团结协作，抵御挫折的意识和能力，发展个性，增强创新意识和创造能力。

5. 加强校园精神文明建设，推进学校体育工作的发展，渗透体育文化、丰富体育知识、了解体育常识、培养体育技能、养成体育习惯。

三、活动主题

"阳光体育 健康生活 快乐你我"

四、领导小组名单：（略）

五、活动安排

（一）组织筹备宣传启动阶段（4月5日至4月7日）

1. 借助升旗仪式启动校园体育节，宣布体育节活动方案，向全体师生发出倡议。

2. 做好体育节活动准备工作（包括人员、器材、报名等）。

3. 利用学校网站、校报校刊、广播站、红领巾电视台等宣传体育相关知识，营造全校师生共同参与的氛围。

（二）活动实施阶段

1. 举行广播操比赛（4月底）。以广播操比赛为契机，增强师生对广播操的认识，提高广播操质量。广播操是紧张学习之中的一种积极性休息，同时也是校园体育文化建设的重要内容和综合反映内容，全体师生要高度重视。在日常工作中，充分利用体育课或课间时间积极训练，体育老师耐心指导做操姿势，班主任亲自跟班监督。

2. 提高眼保健操质量（长期）。加大对眼保健操的检查力度，努力降低近视率。通过讲座、展板等形式，对学生进行用眼卫生相关知识的宣传。

3. 普及冰雪运动知识（4月初至5月底）。体育教师利用室内课，向学生普及相关知识。学生围绕冬奥会、冰雪运动完成手抄报、绘画等作品，并通过学校网站、展板等展出优秀作品。

4. 开展春季运动会（4月底）。通过运动会，提高学生竞技水平，培养坚强的意志品质，在不断体验进步或成功的过程中，增强自尊心和自信心，培养创新精神和创造能力，形成积极向上、乐观开朗的生活态度，形成现代

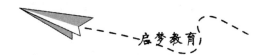

社会所必需的合作与竞争意识，学会尊重他人和关心他人，培养良好的体育道德和集体主义精神。

5. 举办好第二届梦想杯足球赛。（5月）以校园足球活动作为学校体育运动的重要抓手，"以球育德""以球健体""以球促智"，使之成为学生能够终身受益的活动方式，形成校园足球文化特色，推动我校足球运动蓬勃发展。足球赛期间，组织学生开展有关足球文化、足球比赛的宣传和评比活动。（比如，啦啦操、手抄报、班级足球赛标志、标语、口号、摄影评比等）

6. 开展体育社团展示活动（4月底）。通过运动会、单项赛等活动，为特色体育社团搭建展示交流的平台，促进体育社团健康发展。

7. 迎接区级体育健康测试活动（4月）。以区级体育健康测试活动为契机，做好全员训练工作，积极组织多种多样的体育锻炼形式，将体育课的组织形式与课间操以及各种体育课外活动有机结合，促进学生体质健康发展。

8. 制定个人锻炼计划（4月初）。根据个人身体实际情况制定个人或家庭锻炼计划，促使学生的体育锻炼有目的、有计划、有步骤、有针对性地进行，克服体育锻炼的盲目性和随意性,以便更充分运用时间,选择科学有效的方法，达到锻炼的目的。特别是对于有些肥胖的同学，要提醒其注意科学合理锻炼、循序渐进。个人锻炼计划制定及锻炼效果作为"最美阳光少年"评选的重要依据。

（三）总结表彰阶段

体育节期间将进行如下项目的评选活动：体育示范班、足球文化手抄报、摄影作品、最美运动少年、最美运动家庭等，在体育节闭幕式上进行表彰。

启梦侧记

  大兴三小实施启梦教育以来，围绕"启梦"主导理念积极进行探索实践，在德育、课堂教学、教师专业发展、教育评价、校本课程及校园文化建设等领域效果突出，逐步形成了"以全面推进素质教育为龙头，以科技、艺术教育为两翼，以夯实体育教育为基础，全面提升教育品质"的办学特色。学校先后荣获"北京市科技教育示范校""北京市推广教育科研成果奖"等多项国家和市级荣誉，被区教委授予大兴区"小学示范学校""体育传统学校""综合办学效益优类校""全面育人办有特色校"等荣誉称号，连续多年获得大兴区教育教学一等奖。科技社团、艺术社团被评为北京市学生金鹏科技团和金帆艺术团。

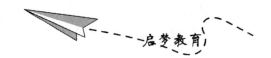
以校长领导力提升学校内涵发展
创建特色名校

——中共北京市大兴区第三小学党支部　陈宗禹

大兴三小是大兴区小学示范校。学校以"启迪人生梦想，培育创新智慧"为办学理念，在教育教学、科技、艺术、体育等多方面取得了优异成绩。学校被北京市教委授予"北京市学生金帆艺术团"与"北京市学生金鹏科技团"，被区政府认定为"综合办学效益优类校"，被区教委授予"全面育人办有特色"校，北京市学校文化建设示范校等荣誉，已连续十余年评为大兴区教育教学一等奖，大兴三小赢得了良好的社会声誉。

一、创新管理　彰显特色

我的工作宗旨是：实干与创新。学校的前进和发展离不开创新，为突破自己、超越自己我们始终坚持自己的发展愿景："办开放型学校，做学者型校长，当研究型教师，育有能力学生"。

在学校特色发展上，我们一是运用新课程的理念提高教育质量；二是以科研带动教师成长，提高学校的办学品位。学校围绕"启梦教育"办学理念，承担或参与了多项国家级、市级等课题研究。本着"在活动中提高，在研究中发展"的工作思路，让更多教师参与课题研究与新技术的应用，市、区、校级骨干教师、学科带头人均吸纳为各个课题组成员，以推动研究工作不断朝着我们预期的目标前进。经过了一年时间的研究与实践，老师们多次参加全国课赛，取得了较为突出的科研成绩。学校机器人社团和管乐社团在 2015 年双双被评为北京市金帆艺术团和金鹏科技团，为大兴教育填补了两项空缺。可以说，这些活动的开展，使我校以学生素质发展为特色的教育之路有了新的腾飞。

二、丰富内涵　增强领导力

校长领导力是要求校长具有综合素质和管理才能，不仅要有管理的思想和艺术，更要用心去推进全面的管理工作。为了提升这种领导力，我严格要

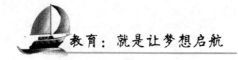

求自己，在大是大非问题上立场坚定，与党中央保持高度一致。在工作作风方面，严格要求自己，努力做到公道、正派、民主；在学校管理上，有事业心和责任感，保持较清晰的工作思路，有开拓创新的意识和勇于克服困难的决心；在工作态度方面，能够恪尽职守、淡泊名利，与教师同甘共苦，胸怀坦荡。

教育管理实践，促进了我个人的发展，多次参加区校长论坛，个人专著《教育就是志远行近》正式发表，文章《创新教育呼唤创新的校长》在《现代教育报小学生专刊》上发表，文章《小学教师的心理挫折与对策》刊登在国家级刊物《基础教育参考》上，参加校长论坛两次荣获一等奖，两次二等奖，论文《校长领导力与教师队伍建设》在大会上宣讲。荣获北京市小学规范化建设工程先进个人、北京市健康促进学校建设先进个人，北京市爱国卫生运动先进个人、北京市红领巾教育奖章，北京市中小学资源建设与应用先进个人，区优秀党支部书记、优秀共产党员、十佳校长等，多次荣获支持科技教育活动、支持重视艺术教育、关心少先队工作好校长等称号。奉献是一种境界，奋斗是一种幸福，我将在教育之路上永远的奋斗与奉献。

三、以人为本，重视队伍建设

学校教师队伍建设有两个思路：抓好教师队伍建设，树立三小教师队伍良好形象，是让家长信任，让社会满意，是学校发展的关键；提高教学质量，关键在教师，教师的培养提高，关键靠自己。

（一）给教师创造成长的"关键事件"，使其不断获取成功

在教师队伍建设上，学校多方面创造条件，开阔教师眼界，促进教学质量的提高。开设教师讲堂，为广大教师搭建展示平台，为成长研究型教师创设研修氛围。开展"新星杯"、"智慧杯"、"风华杯""秋韵杯"四杯赛，选拔校级骨干教师。班主任论坛、主题班会展评等评选校级骨干班主任，为教师的成长创造条件。

（二）提高教师"幸福指数"，使其寻找自己新的增长点

学校提倡尊重、赏识和人文关怀，尊重教师的生命价值，从生命本体的角度关照教师的成长，关注其发展潜力以及生命价值的实现。开展最美三小

教师评选，在加强师德建设的同时给老师提供展现个人魅力的舞台。学校免费为教师及上学子女提供早餐，教师生日祝福：一束鲜花承载着领导的关怀；元旦领导与教师一道包饺子联欢，亲近得像一家人。校长经常与不同层面的教师谈话，校长"茶话室"每周二向教师开放，让教师在这里倾诉感动，在这里燃起激情、阐发思想，在这里放飞思维，把真诚的关爱和殷切的希望传递给教师。

（三）引领教师专注于课堂，不断提高教学能力

教师的幸福来自于有更崇高的价值追求。为了加快教师队伍的成长，学校制定了全员培训制度，拜师学艺制度，教师学习制度和名师指导制度。建立教师个人成长档案，促进教师自主发展。积极为教师创设互相切磋、互相学习、共同反思、共同进取的教研环境，开展多种形式的研究课活动，如新调入老师的亮相课；老教师的示范课；学科骨干的精品课；师徒汇报课等。这种以课例为载体的研究活动贴近教师，便于操作，具有一定的前瞻性和针对性，促进了教师教学研究能力和专业水平的不断提高。

学校的发展为校长的自我发展提供支撑，校长的发展为学校的发展增添新绿。我认为做为党员，作为一名校长应该树立教育长效理念，从教育发展思路上致力教育创新，打造教育品牌，壮大教育事业，促进持续发展；从教师工作目标上，致力师德修养，致力教书育人，致力教学创新，致力终身学习；树立四种意识：以人为本意识，教学中心意识，科研兴教意识，质量生命意识。

大兴三小 2015—2018 三年发展规划

北京市大兴区第三小学位于大兴黄村新城中心，是大兴区小学示范校。1965 年建校，至今已有 50 年历史。学校秉承"启迪人生梦想，培育创新智慧"办学理念，本着"办开放性教育，做专家型校长，当研究型教师，育有能力学生"的办学思想，以立德树人为根本任务，以培育和践行社会主义核心价

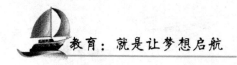

值观为核心，扎实开展各项工作。

通过上一个三年规划的实施，学校在德育、课堂教学、教师专业发展、教育评价、校本课程及校园文化建设等领域，围绕"启梦"主导理念积极进行探索实践，逐步形成了"以全面推进素质教育为龙头，以科技、艺术教育为两翼，以夯实体育教育为基础，全面提升教育品质"的办学特色。学校先后荣获"北京市科技教育示范校""北京市推广教育科研成果奖"等多项国家和市级荣誉，被区教委授予大兴区"小学示范学校""体育传统学校""综合办学效益优类校""全面育人办有特色校"等荣誉称号，连续获得大兴区教育教学一等奖，2014 年学校被评为北京市学生金鹏科技团和金帆艺术团。

大兴三小着力创建文化底蕴深厚、办学特色鲜明、教育品质不断提升的区域名校，为发展优质基础教育做出贡献。为此，学校特制定《大兴区第三小学 2015-2018 三年发展规划》。

一、学校发展的基础与面临的问题

（一）学校发展基础

1. 学校基本情况

学校占地面积 11013 平方米，校舍面积 8016 平方米，绿地用面积 500 平方米。现有 27 个教学班，学生千余人，教职工 92 人，是一所规模较大的区直属小学。

从专任教师年龄结构看：40 岁以下青年教师 40 人，约占教职工总数的50.6%；40-50 之间的教师 33 人,约占教职工总数的 41.8%； 50 岁以上老年教师 6 人，约占教职工总数的 7.6%；从学历结构看：学校现有硕士研究生 2 人，本科以上学历 82 人，学历合格率为 100%。

2. 学校发展优势

（1）外部条件分析

学校周边环境良好，外部关系氛围和谐。学校附近有新华书店、大兴影剧院、帝园商城等科技文化设施，方便学生开展科技、文化实践活动。学校与周围的兴丰家园小区、时代龙和小区等，在社区活动、敬老爱老等方面交往频繁，与友邻单位关系融洽，互动良好，为学校长远发展奠定了很好的基础。

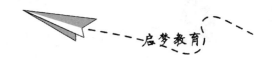

（2）内部条件分析

①学校管理制度健全。"以人为本"的管理方式体现了依法治校的教育思想，在德育管理、师资队伍管理、教育教学管理、教育科研管理、课程管理等方面形成了以人为本、遵循校本和精细管理的管理制度。

②师资队伍雄厚。学校有一支富有进取精神、素质较好的队伍。领导班子与时俱进、勇于创新、求真务实，有先进的办学理念。中层干部队伍也越来越年轻化、知识化、专业化。广大教师有较强的集体荣誉感，有着为学校的发展努力奋进的精神。教职工共 92 人，其中专任教师 78 人。含市级骨干教师 1 名，区级学科带头人、骨干教师 24 人，校级骨干教师、骨干班主任 10 人，形成了三小名师梯队。

③学生综合素质良好。学校学风良好，绝大部分同学都有比较好的学习习惯、方法和主动获取知识的能力。学生综合素质发展全面，个性特长多样。学校开展丰富多彩的校园文化活动，成立 30 多个学生社团。近三年学校每个学期都在各级各类的科技、艺术、体育等比赛中荣获市区级奖项。学校积极组织学生参加社会实践活动和公益活动，开展力所能及的学校、社区的公益性、服务性、体验性活动，受到了广泛的好评。

④数字化校园建设初具规模。我校数字化校园建设，依据"总体设计，分布实施，逐步到位，不断完善"的方针一步步发展起来。教师们利用"培育 100"平台提供的无线传输技术，与学生家长进行便捷的沟通，增进了家校联系，促进了家校合作；校园网络办公平台，将我校教学、办公等集于一体，实现了分散应用，集中管理。现有可满足学生进行交互学习的高配置计算机网络教室两个；建有可以容纳 200 人的多媒体报告厅和红领巾电视台，均并配备了校园视频会议系统，可以承担全校的网络视频会议和学校活动的视频直播；所有教室均配有齐备的全套多媒体设备，每个教学班和专用教室均配有统一规格的触摸式电子屏；建有能容纳 50 名学生上课并由多台摄像机及编辑机组成的专业全自动录课室，实现了教师录课一键通，实现了只要登录校园网、大兴局域网平台即可收看录课与直播，实现了与首师大专家实时互动，上课教师可以直接与专家对话，得到专家的即时点评。与其配套的能容纳 40

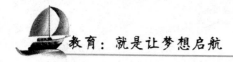

名教师的专用听课室，配备了 47 寸大屏幕液晶显示屏，能够将录课的声音和画面完美的实时直播到听课室中，并且在录课完成后随时地进行视频点播，保证了录课的质量与听、评课的要求，全校每个教室都可以通过多媒体电脑随时进行所录制课程的点播观看。

⑤办学特色逐步形成。近几年，我校以培养学生"成长、成功、成才、成人"为育人目标，着力营造"启梦"校园文化，打造区域教育品牌，创建科技、艺术、体育特色学校。2014 年，学生机器人社团和管乐社团分别被评为北京市金鹏科技团和金帆艺术团。2015 年，学校在区级体育传统校的基础上，加强特色建设，成立校园足球队，成为大兴区足球联盟校，组建花样跳绳队和健美操队等。学校科技、艺术、体育工作影响日益扩大，办学特色初步形成。

（二）学校发展面临问题

在上一个三年发展规划中，学校在现代学校管理思想和制度、名优教师培养、校本课程开发、办学特色和品牌建设等方面都已得到一定发展与建设。学校已形成 40 余位骨干教师梯队，开发了三大体系 23 门校本课程，校园文化建设、课程体系建设和科技艺术办学特色等被社会所认可。但学校发展方面也同样面临问题：

1. 我校现有专任教师 78 人，平均年龄 40 岁，青年教师比重偏低，教师队伍年龄结构与专业化发展不够均衡，这就要求加大教师队伍的建设培养力度。

2. 部分学科教师业务能力与教育发展要求还存在差距，尤其是在实施课程改革方面，教育思想与教育行为的落差使新课程改革难以达成较高的目标。艺术学科专业教师缺乏，科技、艺术学科特色需进一步普及。

3. 学校信息化硬件建设有待充实与完善，现有技术设备先进高端，但教学使用过程中性能表现不够稳定。教师信息技术应用能力水平认证工作覆盖面还不够全面。

4. 数字化校园建设有长远的建设目标，但是初期还是过于偏重于平台的建设，对于应用的推广重视力度不够，各个平台的稳定性和其在教育教学中

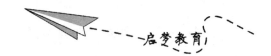

实际作用发挥有待进一步提高。

5. 学校文化积淀不够，"启梦"教育理念仍需梳理。虽积极投入学校文化建设，搭建各类平台以深入挖掘办学理念、环境文化、活动文化、课程文化等，突出良好校风、教风、学风建设，但尚未形成规范化、系统化、品牌化的学校文化特色，校园"启梦"主题文化和价值理念建设缺乏进一步规划和梳理。

二、学校发展总体目标

学校坚持走内涵发展之路，着力营造"启梦"校园文化，依托申报示范校平台，深入推进学校文化建设工程，打造学校教育品牌，建设科技、艺术、体育特色学校，教育质量和办学水平实现跨跃式发展，把学校建设成为管理科学、队伍优化、特色突显的具有区域影响力的学校。

三、领域目标及阶段计划

（一）学校管理

1. 领域目标：

在依法治校的基础上，深入落实"以人为本"的学校管理制度。完善学校各项规章制度，以制度保证学校教育教学质量的提高；建立家长和社区代表参与学校管理制度，促进管理民主化程度的提高；构筑数字信息化平台，提高学校信息化管理水平；深化人事制度改革，全面实施教师聘任聘用制和绩效工资制度，使学校规模发展和内涵发展相统一，实现"和谐、发展、品牌"的学校管理总体目标。

2. 阶段计划：

2015年9月—2016年8月：建立和完善学校规章制度，以绩效工资改革为契机，完善各项考核条例，形成学校和教师自主发展、自我评价机制，推进干部队伍建设和学校开放化、民主化、信息化管理。各项工作运作规范，逐步明晰和完善学校的办学理念系统，形成共同价值观和发展愿景。

2016年9月—2017年8月：完善学校各项规章制度，进一步形成学校和教师自我评价、自主发展机制，继续推进干部队伍建设和学校开放化、民主化、信息化管理，达到办公管理现代化，实现数字化校园、无纸化校务管理。

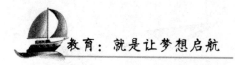

2017年9月—2018年8月：坚持"以人为本"现代管理制度的实行，营造"团结协作，优质高效"的管理氛围，提高社区、家长、师生对学校工作的满意度，实现"和谐、发展、品牌"的学校管理总体目标。

（二）德育工作

1. 领域目标：

通过培育校风、培养队伍、丰富内容、创新形式、拓宽领域等方法来构建德育大环境。鼓励中队形成特色，积极参与各级各类班主任评比，建立名班主任工作室，举办"班主任论坛"，开展心理健康教育课题研究；探索学生综合素质提升方法，开展德育课程研究，整合学校、家长和社会资源，形成德育管理顺畅、德育队伍精良、德育方法创新、德育途径广泛、德育资源优化的德育工作体制。

2. 阶段计划：

2015年9月—2016年8月：抓好学生行为习惯养成教育，继续开展"争当最美少年"等系列教育活动，进行社会主义核心价值观教育。开展班主任基本功培训与展示活动，充分利用校内外科技教育资源，组织学生实践活动。做好校园科技节工作，培养学生科技创新精神，使科技、艺术教育工作在金鹏金帆团的带领下，扎实推进、再创佳绩。补充心理咨询室硬件建设，开展好学生的心理健康建设。深入挖掘校内广播站、电视台、宣传展窗、黑板报等宣传媒介，对学生进行思想引领和教育。利用好少先队活动课时间，将思想教育融入到活动课之中，有计划、有层次的进行思想教育。将每周一的升旗仪式升格为德育校本课程，对学生进行理想信念教育。

2016年9月—2017年8月：组织干部教师研发三小"最美少年"德育课程。规范与实施"家长讲堂"家校协同教育制度，拓展与探究德育新途径与新方法。

在心理咨询室硬件建设基础上，配备专业教师，开展学生的心理健康建设。发挥骨干班主任示范作用，组织班主任专业技能培训提升活动，促班主任专业成长。

科技、艺术教育工作在金鹏金帆团的带领下，扎实推进、再创佳绩，充

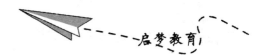

分发挥区域优势及辐射带动作用。规范大、中、小队的组织规范化建设，做到严格遵守队长要求，大中小队组织自转灵活，运行有法。

2017年9月—2018年8月：实施与完善三小"最美少年"德育课程，注重人性教育，与学科德育更好的整合，尊重学生的成长特点。做好新一届骨干班主任的培养与选拔认定准备工作。创新家校协同教育工作机制，促进合作育人。打造三小名辅导员工作团队，创立大兴三小名辅导员工作室。将大兴三小电视台、红通社、广播站进行整合，实施编辑与主持课程建设。为促进学生健康成长、全面发展服务。做好迎接北京市金鹏科技团机器人分团和北京市金帆艺术团管乐团的复审认定工作，确保通过。

（三）教学工作

1. 领域目标：

进一步深化课程改革，落实新课程计划及10%学科实践活动，形成符合学校实际并适应有效教学课程改革的"梦想"课堂教学模式。在继承传统教学常规管理优秀内容的同时，创新教学管理制度，在备课、课堂教学、作业布置与批改、学习过程指导及学生学习评价等方面，形成一套保障课堂变革顺利推进的教学常规管理体制，有效促进学生和谐发展。建设优秀教研组，实施三级课程管理体系，继续开发学科、科技、艺术等特色校本课程，构建大兴三小"菜单式"梦想校本课程体系。

2. 阶段计划：

2015年9月——2016年8月：学校通过听课、常规检查、考核、问卷等多种形式对教育教学工作进行全面评价。创新教学常规管理，以校本课程为依托，完善学校资源库，带动学校10%学科实践活动课程的开展。结合学生课外活动一小时，开设各类社团活动，以进行跨学科教学设计、主题教学设计或特色项目教学设计，形成学科实践特色课程。积累材料，申报区级优秀教研组。

2016年9月——2017年8月：强化课堂教学中教师教学和学生学习方式的转变，制定《大兴三小课堂教学评价标准》。优化学校多元评价，推进活动评价、过程评价、综合评价，组织相关经验总结或论文交流。拓宽综合实

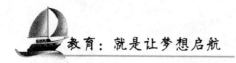

践研究视野，充实 10%学科实践活动内容；依托校园文化节，扎实开展读书节、艺术节、科技节和体育节，开发校本活动课程，收集学科实践活动资料，总结经验。

2017 年 9 月——2018 年 8 月：三类课程结构比例科学合理，制定课程教学管理规范，推出若干教学骨干。深化"书香校园"系列读书活动，举行最美教师系列讲堂活动，开展老中青教师的教学技能展示交流活动。开发特色校本课程，使大兴三小"菜单式"梦想校本课程形成体系。

（四）教科研工作

1. 领域目标：

坚持"科研强师、科研提质、科研兴校"的工作思路，使教育教学和管理常规工作与教育科研工作有机地融合在一起，形成人人有小课题，人人参与课题研究的科研氛围。实施科研课题与常态研究相结合管理策略，提高教师的科研水平；紧密课题与特色的关系，使课题服务于特色，使特色建设推动课题的研究。教师学术论文、案例发表、获奖占教师总数 20%以上，每年都能有 2 个以上课题立项或结题。

2. 阶段计划：

2015 年 9 月——2016 年 8 月：以学校现有课题为抓手，落实课题研究的时间、地点、人员和经费，做好课题的成果撰写。根据学校的实际问题，鼓励教师申报市区级规划课题，学校每年将投入专项资金用于教育科研相关活动。

2016 年 9 月——2017 年 8 月：进一步完善有关教科研工作制度，积极组织教师学习有关教育理论，定期聘请专家学者来校做学术报告，介绍论文、案例的撰写及课题结题报告的撰写，定期召开课题结题会议，让课题负责人汇报课题成果撰写的进展，保证已经到期的课题按时结题。

2017 年 9 月——2018 年 8 月：教师的科研水平有大幅度地提高，争取在市区级评比中获奖或在区级以上刊物发表。做好课题研究的考核评价工作；深入开展各类课题研究，构建科学评价体系，丰富教育研究成果，争创区级教科研先进集体。

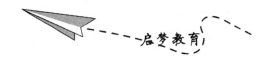

（五）队伍建设

1. 领域目标：

强化师德、师能建设，签订师德责任书、师徒协议书等，广泛开展素质提升活动，争取市、区级学科带头人、骨干教师和中高级职称人数有所突破，且具有影响力。努力建设一支适应教育发展和学校发展要求、师德高尚、业务精湛、结构合理、相对稳定的教师队伍。

2. 阶段计划：

2015 年 9 月——2016 年 8 月：通过常态化的课堂教学研讨、评选，优秀教研组建设等活动，在扎实提高课堂教学实效性的同时，尽快提升青年教师的课堂教学水平。同时，通过对课堂教学的研讨，进一步提升学校已有骨干教师的学科专业素养。

2016 年 9 月——2017 年 8 月：加强校本教研工作，鼓励教师根据自己的规划自主地进行研究发展。加快青年教师的成长，能在各级各类竞赛中脱颖而出。通过成长梯队的构建，多数教师能够达到自己规划的阶梯。

2017 年 9 月——2018 年 8 月：通过三年努力，丰富内涵，扩大名师队伍，形成骨干教师的群体，每个学科要有一定数量的校、区级骨干，能引领更多教师的成长。学校新增 1——2 名教师成为市级骨干，在区域内有知名度。

（六）特色建设

1. 领域目标：

建设一支高水平、有特色的指导教师队伍，建立和完善科技、艺术、体育工作的管理机制，开展丰富多彩的科技、艺术、体育活动，在北京市金鹏科技团、金帆艺术团和区级体育传统校基础上，丰富特色项目。总结和推广学校特色建设的成功经验，促进学校和全社会形成良好的育人环境，使学生健康快乐地成长。

2. 阶段计划：

2015 年 9 月——2016 年 8 月：完善工作制度，总结推广学校科技、艺术教育成功经验，全面铺开科技、艺术、体育工作。做好校园科技节、艺术节、体育节工作，培养学生科技创新精神，使科技、艺术教育工作在金鹏金帆团

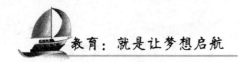

的带领下，扎实推进、再创佳绩。学校在继续保持传统优势项目的基础上，进一步发展足球、花样跳绳、健美操等特色项目，积极参加市区级比赛。

2016 年 9 月——2017 年 8 月：加强总结完善，科学合理调整工作规划，科技、艺术教育工作在金鹏金帆团的带领下，扎实推进、再创佳绩，充分发挥区域优势及辐射带动作用。抓体育特色活动，稳定教练队伍，形成梯队，学生广泛参与，使花样跳绳、健美操等项目达到区、市先进行列。

2017 年 9 月——2018 年 8 月：做好迎接北京市金鹏科技团机器人分团和北京市金帆艺术团管乐团的复审认定工作，确保通过。升华体育特色，在足球、花样跳绳、健美操等体育特色项目带动下，以点带面，全面开花，使学生体育运动水平全面提高。

（七）校园文化

1. 领域目标：

以"启迪人生梦想，培育创新智慧"的办学理念为宗旨，完善学校"启梦"文化。结合学校管理思路的整合提升，完善学校规章制度，构建健康和谐的"人本"管理文化；结合校园活动和校本课程开发，激活校园活动文化；挖掘环境文化，建设书香校园，创建北京市校园文化示范校。

2. 阶段计划：

2015 年 9 月——2016 年 8 月：不断探索、梳理学校办学理念、办学思想和办学目标，整体架构学校的办学思路。精细规划校园环境和文化建设，建设校园文化长廊，营造楼道书香氛围，丰富学生社团文化。申报北京市校园文化示范校。

2016 年 9 月——2017 年 8 月：在探索办学思路、环境建设和学生文化的基础上，深化校园精神文化建设，营造师生追求积极向上、勤奋敬业、终身学习的良好精神氛围和价值取向，在教风、学风、校风的培育上有深化提高，注重班级文化和主题活动节文化建设。

2017 年 9 月——2018 年 8 月：继续优化学校环境文化、活动文化和精神文化，以"启梦"文化建设为学校的核心内容，树立"启梦"校园文化品牌，让民主、和谐、美好的校园精神立起来。

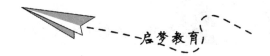

（八）数字化校园建设

1. 领域目标：

完善数字化校园整体建设，设计部署学校德育管理平台、数字校徽、智能班牌等项目，大力推广信息化应用，发挥区级云平台功能，把学校数字化校园建设与区域建设相结合。

2. 阶段计划：

2015 年 9 月——2016 年 8 月：对学校数字化校园建设长远规划进行细致梳理，把原有平台与区级云平台进行数据互通与整合，统一数据规范，统一相关流程操作，为下一步发展提供基础。

2016 年 9 月——2017 年 8 月：建成校园德育管理系统，作为学校依托数字化校园环境所构建的学校文化新阵地，主要由数字校徽、移动智能终端、智能班牌、德育管理平台组成，每天楼层值班老师和执勤学生，对学生纪律等日常行为规范的表现，通过智能终端扫描学生所佩戴的数字校徽二维码，实现随时随地的定位学生信息并进行评价打分，借助学校无线网络，各班评价结果实时的显示到班级门口的智能班牌显示屏上，学生可以通过触摸显示屏，随时查看本班、本年级的德育评价情况，同时智能班牌也是班级文化的一个展示窗口，师生可以在教室内的多媒体计算机上个性化的设计个性化班牌内容。大大提高了学校德育管理的时效性和覆盖面。

2017 年 9 月——2018 年 8 月：大力推广已有平台应用，将重点从建设转向应用，切实发挥数字化校园作用。

四、具体措施

1. 以文化管理成就开放式学校。促进管理走向民主化和标准化，完善"家长委员会"制度，促进管理走向开放化，推进网络化管理，促进管理走向信息化。进一步加强数字化校园建设在现代学校管理中的应用，完善校园网和班级主页，推进统一信息化办公平台，力争做到无纸化办公，使网络成为管理、教育、教学等交流的常用手段，成为学校师生展示交流的共同平台。

2. 进一步提升全体教师的德育意识和德育能力，形成全员育人的良好氛围。加强班主任培训，促进班主任队伍的专业化发展。开展德育课程研究，

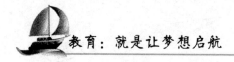

整合学校、家长和社会资源，形成德育管理顺畅、德育队伍精良、德育方法创新、德育途径广泛、德育资源优化的德育工作体制。进一步完善"家长委员会"制度，不断完善家庭教育指导工作。加强心理健康教育和德育课程建设，切实发挥课程建设在学科德育建设中的基础性作用。

3. 构建开放式梦想课程体系。以新课程改革为契机，重视10%学科实践活动的开展。立足学校实际，开发校本课程，形成体系，助力学生梦想起飞。积极开展学科教学研究，改进教学方法，努力提升教师整体教学水平。以课题研究为载体，开展教育教学常规管理创新行动。积极组织教师参加各级各类培训，丰富校本教研的内容和形式，组织好各种校本教研活动，提升教师开展教学研讨的能力。

4. 关注教师成长过程，建设优质、高效，具有品牌特质的教师专业团队。建立公正、公平的效绩评估体系，在坚持各项薪酬原则的基础上逐步调整教师薪酬结构。

5. 组织全体教师共同探索、深化办学理念、办学思想和办学目标。聘请专家指导，整体架构学校的办学思路，健全办学理念等核心价值文化，突出理念的"启梦"主题。精细规划校园环境和文化建设，建设校园文化长廊，营造校园书香氛围，丰富主题班级文化，挖掘环境文化，深化"启梦"文化的教育内涵。

五、保障机制

（一）思想保障

实施和管理本规划是一项系统工程，学校将定期召开各级会议，积极学习本规划，以取得全体教职员工的共识，将本规划作为学校内部教育教学工作的行动纲领，在工作中贯彻执行。

（二）组织保障

成立以校长为组长的规划管理领导小组，具体实施"三年规划"的全程管理，各分管领导、处室、教研组具体落实，全员参与。管理小组根据总目标和阶段目标，负责本规划的全程实施和管理。

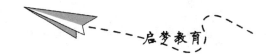

1. 规划领导小组

组　长：陈宗禹

副组长：于海涛　陈秋霞

组　员：李丽霞　范福海　崔书良　王秀珍　刘洪月　郭颖杰　黄　建

2. 项目工作小组

在学校规划领导小组的部署下，根据本《规划》的工作任务，落实校长全面负责规划实施制，副校长具体分管制，中层部门执行责任制。

德育部门：完善德育管理机制，建立家庭、学校、社区三位一体的德育管理模式。

教导部门：课程设计与实施，落实学科教学意见，提升教育质量。

科研部门：负责课题运作，教师的专业化发展。

技术部门：提高教师的信息素养，为数字化校园提供技术支撑。

总务部门：提供强有力的后勤保障支持。

（三）制度保障

在规划的具体实施阶段，学校规划管理领导小组和各部门做好规划的指导、检查和调节平衡工作，及时纠正管理行为，形成干部接受群众监督的工作机制，齐心协力，保障三年规划的顺利实施。

（四）环境保障

协调好学校与上级主管部门、社区、家庭的关系，努力争取政策支持、财力支持、舆论支持，争取更多的专项资金。充分发扬民主，积极调动全体教职工的主人翁意识，广泛听取教职工的合理化建议，上下一心，同心协力，积极营造和谐奋进的良好氛围。

（五）师资保障

加强学校领导班子的建设，各职能部门分工合作，形成"分工不分家，团结协作"的良好氛围。努力建设一支品德好、观念新、学历层次高、教科研能力强的师资队伍。

（六）后勤保障

合理配置资源，提高教育经费的使用效益，为学校发展目标的实现提供

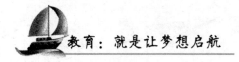

资金和物质保障。

总之，面临新世纪的机遇和挑战，大兴三小任重而道远，我们相信，在全体教职工的齐心协力和辛勤工作下，三小一定能把握机遇，再创辉煌。

北京市大兴区第三小学
教育信息化三年发展规划
(2017-2019)

"十二五"期间，北京市大兴区第三小学在区教委、区教育信息中心的领导与支持下，本着配合大兴区"区域统筹、稳步推进"的工体工作思路，以数字校园建设作为本校教育信息化整体发展的切入点，逐年加大教育信息化经费投入，通过5年的探索和实践，各方面取得了突破成果，从单校信息化办公系统发展成为覆盖全区的高集成度的数字校园云平台，圆满完成了第十二个五年规划。为了继续贯彻和落实《国家中长期教育改革和发展规划纲要（2010~2020年）》、《北京市中长期教育改革和发展规划纲要（2010~2020年）》，进一步提高学校教育信息化整体水平，提升学校教育品质，特制定本规划。规划期限：2017年—2019年。

一、现状分析

1.1 学校信息化发展优势

大兴三小信息化建设起步较早，信息化基础环境已经初具规模。学校将"启迪人生梦想，培育创新智慧"的启梦教育理念充分融入学校信息化建设总体规划，先后建成了学校云数据存储项目，并以此为基础部署了学校教务管理、协同备课、电子档案、基线网管等教学与管理相关的一系列应用，为学校信息化管理提供了平台保证；利用学校门户网站作为学校理念的宣传阵地，整合了学校的"幼芽文学社"、"金帆艺术团"、"金鹏科技团"、"红领巾电视台"等学生特色社团的一系列日常管理、活动展示相关版块，成为

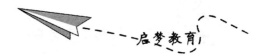

了学校不可缺少的重要平台。学校作为大兴区唯一同时拥有"北京市学生金帆艺术团"和"北京市学生金鹏科技团"的"双金学校"，充分发挥自身优势，努力与创客课程的理念逐渐融合，谋求新的发展点。

学校重视运用信息技术为学生构建成长的舞台，建有配备专业苹果录编设备的专业演播厅一个，机器人活动教室一个，为学生科技与艺术特长发展提供良好条件，校园红领巾电视台更为学生提供了自主展示的平台。学校目前已经完成校园无线网覆盖，实现了有线与无线相结合的网络架构，为下一步基于无线移动终端的特色应用项目的推动提供了必要的硬件条件。

1.2 学校信息化发展不足

1.2.1 教师年龄结构有待改善调整

学校作为区直属老校，存在教师普遍年龄偏大问题，对信息技术接受有热情但接受能力不占优势，今年学校正不断吸收新鲜血液，努力改善教师结构。部分干部、教师的信息素养和应用能力滞后于信息化发展速度，随着学校教育信息化建设的不断深化，需要有一支具有较高科学技术素养的教师队伍，来推动学校教育信息化的应用发展。

1.2.2 已经建设完成的项目应继续加大推广力度

前期建设过程中软件定制项目完成后的应用还需继续加大推广力度，协同备课系统已经在学校语文、数学两个学科进行了全面使用，其他学科准备陆续开始推广。电子档案系统和基线网管系统应用面不够大，目前只限于相关负责人使用，需要开拓思路，扩大应用面。

1.2.3 可持续发展的保障机制有待完善

教育信息化建设和发展需要长期的资金投入，但是要实现教育信息化的可持续发展，必须要有可持续的资金支持，需要制定更加长效的资金保障机制。

1.2.4 师生实际获得尚需提升

十二五期间，在应用层面重点实现了教育管理信息化，满足了教育管理者和教师日常办公的实际需求，但是，教师的教学方式和学生的学习方式仍然没有发生明显的变化，教师的教学体验和学生的学习体验并没有获得明显

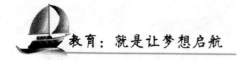

改善，师生的信息化实际获得感尚需提升。

1.2.5 安全管理与运维服务体系尚未形成

随着教育云平台的全面覆盖，对系统的稳定性、数据的安全性的要求不断提高，目前缺少全面的、科学的运维管理体系和教育网系统的安全体系，来保障学校教育信息化系统安全、稳定地运行。

二、建设目标

2.1 总体目标

聚焦信息技术与教育的深度融合，依托国家及北京市教育信息化宏观背景，依据大兴区教育信息化发展总体规划，结合学校特色教育发展思路，以"深化应用"为核心推动学校教育信息化深层次发展，到2019年完成学校数字校园建设主体项目，基本建成适合本校师生实际需要的信息化教育环境，不断提高学校教育信息化整体应用和服务水平，初步实现教育手段、教学内容和学习方式的现代化。

2.2 具体目标

3.2.1 以信息化建设项目促进学校艺术素养提升

关注学生整体艺术素养的提高，建成学校数字化音乐教室与数字音乐实训室，提高音乐教学水平，达到北京市学生金帆艺术团日常教学实际需要。

3.2.2 以项目建设促学科教学研究创新课程建设目标

丰富和完善课程体系，关注学生学习过程，通过在线选课系统与校本课程评价系统，形成完善的课程管理机制。

建成数字数学实验室，为学生全方位学习实践创设良好环境条件。继续推进智能机器人、科学探究实验室等课程建设，力争在创客教育领域再创佳绩。

3.2.3 学校教育网安全运维服务体系建设目标。

建立网络和教育应用运维服务体系，完善制度，健全机制。建立健全信息化安全等级保护制度，为数据安全提供保障。

3.2.4 教师信息化素养提升目标

到2019年，全校50岁以下所有教师通过现代教育技术能力认证，3名教师通过现代教育技术能力导师认证。

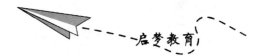
3.2.5 大兴区第三小学数字校园应用推广目标

到 2019 年，学校通过数字校园二级认证。

三、重点工作

3.1 教师信息化素养提升工程

3.1.1 数字校园云平台培训项目

结合区级信息化应用教师认证项目开展系列培训活动，采取集中培训、分散练习等形式，推广云平台及相关应用的覆盖范围，真正发挥其作用。

3.1.2 教师现代教育技术认证考试项目

目前学校 50 岁以下专任教师中通过认证考试的教师已经超过 80%，达到了大兴区数字校园一级认证的条件，计划在通过一年的时间，达到通过率 100%，同时鼓励老教师参与到认证工作中。

3.2 数字校园一级认证工程

做好教师培训，通过大兴区数字校园一级认证。

3.3 数字校园二级认证工程

积极推广数字校园各项应用，努力争取达到数字校园二级认证工程。

3.4 创客教育实施工程

依托学校原有机器人社团基础，完善创客课程项目的设计与实施，建成高标准机器人设计教室。继续发挥金帆艺术团特色优势，通过建设数字音乐教室、数字音乐实训室，为学生艺术素养提供创造优质教育资源。

科学创新实验室建设是我校教育信息化三年发展规划的重点建设项目。总体项目分为基础硬件建设和实施、教学应用、课程开发、深度应用、普及应用及成果推广等几个阶段。教与学的应用，总体以探究学习（Inquiry Learning）、项目学习（Project-based-Learning）和知识建构（Knowledge Building）为基本教学策略，通过学生"做中学"科学，培养学生的问题解决能力、探究学习能力，提高学生科学概念的理解、建构及应用水平。

基于同步于当今世界科技水平的手段支撑，开发专门的主题性校本课程，并与其它兄弟学校加强分工合作、资源共享，逐步形成以下成果：覆盖 3-6 年级、成体系的科学创新课程；将新的做中学的技术技能和应用，纳入小学

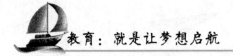

毕业生科学考试的重要内容；形成系列化的"微课""优质课例"等教学成果；④每位学科教师在北京市及以上学术刊物发表一篇以上论文；⑤学生积极参加各级科技创新比赛并获得较好成绩。

四、保障措施

4.1 组织保障

为推进学校教育信息化工作，学校建立数字校园建设领导小组，校长任组长。设置专门负责教育信息化的职能部门，部门名称为"信息中心"，信息中心主任职务级别为学校中层正职，信息人员编制至少 3 人。信息中心主要职责是负责学校信息网络建设和维护、数字校园软件应用建设和维护、教师培训、应用推广、摄录编等工作。

4.2 制度保障

在政策上为教育信息化建设与应用推广提供保障，促进学校教育信息化合理、健康、有序发展。依据《大兴区中小学数字校园五级认证评价方案》，通过认证工作的开展保证建设工程的顺利完成；依照《大兴区教师信息技术应用能力分级认证方案》，将教师信息技术应用能力认证作为区级骨干、学科带头人评选的必要条件之一；依照《大兴区数字校园项目立项和经费管理办法》，严格遵循三重一大集体决策要求，规范学校数字校园建设管理流程，保证资金的使用安全合理。制定数字校园建设、管理、推广、培训等方面的规章制度。如教师培训管理制度、应用考核制度、信息发布管理制度等，通过制度保障，促进数字校园各应用的顺利推广。

4.3 经费保障

根据《大兴区数字校园项目立项和经费管理办法》，建立政府主导的教育信息化经费保障长效机制，可保障数字校园建设的可持续发展。为了使经费得到充分利用，降低投资风险，我校将严格遵守招投标管理、财会审计及各项资金监督制度，确保资金使用规范化和最大效益化。依据"大兴区中小学数字校园项目立项审批和经费管理制度"，学校应确保公用经费 10%以上用于教育信息化，积极探索"政府搭平台、企业建应用、学校买服务"的市场机制，不断拓宽经费筹措渠道，实现教育信息化的可持续发展。

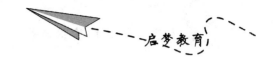
实干创新　志远行近

——记新区教育突出贡献管理者　陈宗禹

北京市大兴区第三小学是大兴区小学示范校。长期以来，学校秉承"启迪人生梦想，培育创新智慧"的办学理念，以"办启迪学生梦想的开放式教育"为办学目标，逐步走出了一条以素质教育为龙头，以科技、艺术教育为两翼，以体育教育为基础的特色教育之路。

陈宗禹，1992年调入三小担任副校长，1997年至今担任三小校长兼书记。作为校长，陈宗禹坚持实干与创新，以人格的魅力感染师生，以敏锐的目光聚焦课堂，以智慧的头脑引领实践，以文化的滋养构建和谐，以规范的管理促进发展。陈校长对教育有着深刻的认识，他在个人专著《教育就是志远行近》中写道，"一个合格的、有担当的、有理想的校长应当是一个沉静的追梦人，为了自己的教育梦想，沉着、静静地追求。"他是这样说的，也是这样做的。

力促学校内涵发展

陈校长坚持从学校实际出发，明确责任，科学规划，创新管理，使得学校各项工作稳步开展。工作中，他坚持从大局和全局出发，从不把个人利益和局部利益凌驾于组织利益和全局利益之上。坚持校务公开和教代会制度，对涉及教师人事、评先评优、绩效工资分配、学校基建、大宗采购、招生等重大事项都能通过校务公开及教代会等途径进行阳光操作，接受全体教职工的监督，把学校有效的教育经费用在最迫切需要的地方。

为了更好地促进学校内涵发展，陈校长注重三支队伍建设工作。

在打造高效的干部队伍方面：一是把组长列入干部培养之列；二是定期集中学习与案例反思；三是实行每周工作沟通协商统筹制度；四是采取名校观摩学习、兄弟校交流分享、校内压担子等措施，加大青年干部的培养力度；五是深化政务、校务公开，持续开展廉政建设。

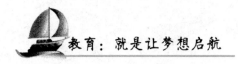
在打造高素质的党员队伍和教师队伍方面：一是以党支部为主体，抓党员和积极分子；二是以工会组织为主体，德育处协助，开展师德建设教育活动，把师德表现作为绩效考核、职务聘任、评优奖励的首要内容，实行"一票否决制"；三是以教导处、德育处为主体，各部门联合，加强教师专业素质培训，提高专业水平。另外，以大兴区骨干教师评选、教师论坛以及各种教学比武为载体，联合协作区学校，开展课赛和说教材比赛等活动；借助区名师工作室开展"与名师同上一节课""联动课""调研课""研究课""示范课"，组建青年教师研修团队等各种方式，促进青年教师的提高。几年来，多人次做区级研究课，10 余人次承担北京市名师工程数字课堂任务。1 人被评为市级骨干，目前区级学科带头人 9 人，学科及各类骨干教师 15 名，干部教师队伍得到了整体提高。

在打造身心健康、自主管理能力强的学生队伍方面：以德育处为主体，给平台，多指导，使学生爱读书、会学习、爱锻炼，多才多艺，博学多识。学校积极推动学生社团建设，并以此作为学校特色建设的重要窗口。目前学生社团有理论学习类社团、科技活动类社团、文学艺术类社团、体育健身类社团等共 30 余项，为促进学生全面发展提供了丰富的舞台。

探索教育教学新途径

加强三级课程建设，促进学生全面发展。陈校长强调，要采取各种措施确保国家课程开齐开足；地方课程、校本课程与国家课程有效融合，努力构建具有三小特色的"梦想"课程体系，满足学生发展需求。

陈校长要求教师，立足课堂，减负增效，向 40 分钟要质量。学校加强"个人精备 + 集体讨论 + 个人修改"的集体备课制度；建立并完善了领导干部每周进课堂调研会诊、巡课制度；课堂教学小课题研究、汇课交流制度；学生学业质量监控反思制度。

陈校长还提出了"小课题研究促校本教研"的新思路，以探索教育教学新途径。学校加大了科研课题的过程管理监督，扎实开展课题研究，为推进校本研修活动助力。

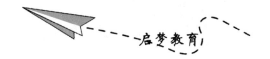

"双金"璀璨，体育领先

大兴三小作为创新人才培养工程的参与校，充分利用校内外科技教育资源，坚持科技创新与课堂教学、实践活动相结合，培养创新精神。学校积极组织师生参与未来工程师、机器人大赛，多个项目获得了全国市区级一等奖。2014年度陈校长举全校之力申报北京市金鹏科技团，通过网上申报和现场汇报答辩工作，学校科技工作的突出成绩，赢得了专家评委的认可，荣获"北京市科技金鹏团"称号。同年12月，大兴三小再一次迎接北京市专家评委团的到来，顺利地将"北京市艺术金帆团"之称号纳入囊中。

陈校长并没有满足于科技、艺术的"双金"称号，继续在体育特色上大做文章——田径队是三小一直坚持的训练社团，学校连续几年在区运动会上取得了骄人成绩。在普及体育项目基础上，学校积极开展校园足球、花样跳绳和健美操等特色社团活动，取得了较好的成绩。成功举办大兴三小第一届"梦想杯"足球赛，花样跳绳喜获北京市一等奖，健美操社团也获得了北京市三等奖的好成绩。

志远行近创佳绩

一直以来，大兴三小注重实施素质教育，促进学生健康发展，已逐步成为优质教育的区域品牌。机器人项目在市区大赛中独占鳌头，屡次荣获全国大赛第一名；室内管乐在北京市大赛中夺冠，在大兴区乃至北京市颇具影响力；区运会总分近几年保持在直属区域领先优势。学校先后获得"北京市科技教育示范校"；国家级重点课题研究"优秀项目学校"；全国教育科学"十一五"规划课题研究实验工作先进单位；"北京市中小学信息化工作先进学校"；"北京市推广教育科研成果奖"；"北京市基础教育课程教材改革实验先进单位"；被区教委授予大兴区"小学示范学校"、"体育传统学校"、"综合办学效益优类校"、"全面育人办有特色校"等荣誉称号，连续获得大兴区教育教学一等奖。

学校的发展为校长的自我发展提供着支撑，校长的发展为学校的发展增添着新绿。陈宗禹在努力参加各种培训的基础上，学以致用，笔耕不缀，积极参加校长论坛，多次获得一等奖。近几年，他拿起笔梳理总结自己的办学

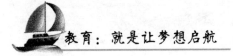

经验与思考，先后出版了《三人行》和《教育就是志远行近》等著作。在个人获奖方面：

2015.02，被评为大兴区小学区级学科带头人；

2015.05，被评为大兴区少先队优秀工作者；

2015.05，被聘请为"小学生社会主义核心价值观宣讲团"讲师；

2015.07，被评为大兴区支持重视艺术教育好校长；

2015.10，被评为大兴区支持重视科技教育好校长；

2015.11，被聘请为中国陶行知研究会苏霍姆林斯基研究专业委员会理事……

陈宗禹说："我将继续秉承'实干创新，志远行近'这一理念，引领大兴三小师生不断攀登新的高峰。"

未来，我来！

齐：我们因未来而相识，

我们因梦想而相知，

我们因成长而相聚。

师：三小让我们彼此牵手，相互理解。

家：孩子让我们心心相印，真诚合作

齐：为了未来，为了孩子，我们走在了一起。圆梦之路，你我携手！

白：三小，大兴区第三小学，扎根京南，五十春秋，静心做教育，潜心育未来，积淀文化，丰厚内涵，特色凸显，成为京郊教育的一张名片和窗口，一所平凡不普通的京郊名校。以双金为两翼，践行"启迪人生梦想，培育创新智慧"的启梦教育，服务学生发展，明智启慧，追求教育梦想，点燃师生

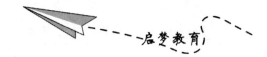

心中的梦想。

齐：启迪智慧，追求梦想。我们的梦想从这里扬帆起航。

师：启是行动，梦是方向。

家：启是脚踏实地，梦是仰望星空。

生：启梦是"心有远志，近有德行"。

齐：启中国少年之智，育全面发展之才，秉立德树人之本，筑民族振兴之梦。

生：志远是我们的追求，

家：行近是我们的品质，

师：沉静是我们的表达。

齐：尚创新，夯基础，创平台，求发展是我们的行动。

白：这是我们的启梦教育，这里是我们的家，大兴三小，我们的家，我们共同的家。

生：这里，书香弥漫，书声琅琅，是我们快乐成长的乐园。

师：我们在这里耕耘，我们在这里收获，这里是我们专业发展的校园。

齐：这里是我们共同的家园。

白：这里是我们的家，一家人一条心，以德为首，以立德树人为己任，用汗水浇灌成长，用奋斗共圆梦想。

生：您用广博的知识，让我们张扬生命的光鲜，领略知识的无限；您用智慧开启我们心中的梦想，让我们绽放生活的多彩，对未来溢满无限的期待。

家：您的课堂如和煦的春风，温暖着孩子心灵。您的言语像温柔的春雨，滋润着孩子的心田。您言传身范，润物无声。您甘当绿叶，托起红花。您让孩子懂得了爱国，理解了敬业，明白了诚信，学会了友善。

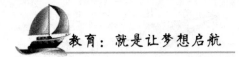

白：您们都是爱的使者，美的播种者。您们用美的阳光普照，用美的雨露滋润，我们的心田才绿草如茵，繁花似锦。您们的付出，换来的是硕果累累。

生：体育节、艺术节、科技节、读书节，节节精彩。艺术有金帆，科技有金鹏，让我们尽情演绎梦想，充满自信。少年智则国智。

齐：少年智则国智。

生：校园足球、花样跳绳、健美体操、中国武术，样样精彩。提升我综合素质，强壮我中国少年。少年强则国强。

齐：少年强则国强。

师：孩子，我们为你而骄傲，你的骄傲是精彩未来。

生：老师，我们因您而自豪，您的自豪是桃李芬芳。

白：今天之少年，明天之栋梁，

今日之少年，民族之未来，

少年有梦想，国家有未来。

生：仰望星空，追求梦想，心有未来。

家：脚踏实地，勤思笃学，奠基未来。

师：师生齐心，家校合力，创造未来。

白：今日之少年，前途似海，中国之少年，来日方长。

齐：前途似海，来日方长。美哉我少年中国，与天不老！壮哉我中国少年，与国无疆！

白：教育有梦想，中国有未来，少年有梦想，中国有未来。

家：未来，我来。

生：未来，我来。

师：未来，我来。

齐：未来，我们来。

未来，我们来。